리서치란 무엇인가?

WHAT IS RESEARCH?

피터 N. 밀러 지음

박유선·박지윤 옮김

JN385399

리서치란 무엇인가?
WHAT IS RESEARCH?

COPYRIGHT © 2020 BARD GRADUATE CENTER. All rights reserved.
This book may not be reproduced in whole or in part, in any form without written permission from the publishers. Authors(ANNIE DORSEN, ELODIE GHEDIN, TOM JOYCE, HIDEO MABUCHI, CAMPBELL MCGRATH, PETER N. MILLER, AN-MY LÊ, SHEILA NIRENBERG, TERRY PLANK, MARINA RUSTOW) retain copyrights to individual pieces.
Art Direction and Design © EUROPIUM and JULIA NOVITCH
Cover Photography © EUROPIUM
Korean Translation © 2021 PLANE AND VERTICAL

이 책의 전 세계에 대한 한국어 출판권은 저작권자 BARD GRADUATE CENTER와 독점 계약한 플레인앤버티컬에 있습니다. 이 책의 한국어판 디자인 및 표지 사진은 EUROPIUM과 독점 체결한 라이선스 계약하에 발행, 배포합니다. 저작권법에 의해 보호를 받는 저작물이므로 어떤 형태로든 무단 전재와 무단 복제를 금합니다.

1판 1쇄 발행 2022년 8월 12일
2쇄 발행 2024년 9월 25일

지은이: 피터 N. 밀러
옮긴이: 박유선·박지윤
디자인: EUROPIUM·줄리아 노비치
표지 사진: EUROPIUM
활자체: FAVORIT

펴낸곳: 플레인앤버티컬
이메일: press@planeandvertical.com
웹사이트: planeandvertical.com
제작: 세계기획

ISBN: 979-11-979577-0-3 (92600)

이 책에 대하여

BGC× 출판물은 행사가 종료된 후에도 배움을 지속할 수 있도록 시간 기반 프로그래밍을 통해 설계되었습니다. 대화, 공연, 직접 참여의 즉흥적 연금술을 출발점으로 삼아 이 실험적인 출판 프로젝트는 지속적인 성찰과 리서치를 위해 무엇보다 예술가를 위해 열려 있는 공간을 제공합니다.

이 책은 2019년 가을, 뉴욕의 바드 대학원센터(Bard Graduate Center, BGC)에서 열린 대담 시리즈 "리서치란 무엇인가?"(What is Research?)를 편집한 기록입니다. 세 번의 저녁 토론에 걸쳐 진행된 이 프로그램을 위해 모두 맥아더 펠로인 예술가, 과학자, 그리고 인문학자 애니 도슨(Annie Dorsen), 엘로디 게딘(Elodie Ghedin), 톰 조이스(Tom Joyce), 히데오 마부치(Hideo Mabuchi), 캠벨 맥그래스(Campbell McGrath), 피터 N. 밀러(Peter N. Miller), 안-미 레(An-My Lê), 실라 니런버그(Sheila Nirenberg), 테리 플랭크(Terry Plank), 마리나 러스토우(Marina Rustow)가 모였습니다.

"리서치란 무엇인가?"는 존(John D.)과 캐서린(Catherine T.)의 큰 지원을 받았습니다. 맥아더 재단 펠로 프로그램(MacArthur Foundation's Fellows Program)의 관심과 지원에 깊은 감사를 드리며, 특히 프로젝트에 관심과 배려를 보여주신 크리스타 포스피실(Krista Pospisil)에게 감사의 말씀을 전합니다.

또한 제임스 콘그리게인(James Congregane), 케이트 디윗(Kate Dewitt), 에이미 에스테스(Amy Estes), 리언 혹시(Leon Hoxey), 조슬린 로(Jocelyn Lau), 댄 리(Dan Lee), 크리스틴 오언스(Kristen Owens), 헬린 텡(Helyn Teng), 그리고 매기 월터(Maggie Walter)에게 특별히 감사드립니다.

잭슨 맥그래스 제공 〈Doorway〉, 뉴욕. 디지털 사진

캠벨 맥그래스
양키 스타디움의 폐허에서

사월의 그 일주일, 사자들이 빛나기 시작하는 그 일주일,
카페 테이블은 셀피를 위해 놓이고, 창문은 고무 청소기로 닦였고,
톰킨스 광장 주변 울타리 기둥은 새로 페인트칠 되었다.
한때 옛 정키들의 피난처이자 불미스러운 비둘기들의 피난처

피터 N. 밀러: 올해로 창립 25주년을 맞는 바드 대학원센터는 대학원 리서치 기관입니다. 바드 대학원센터는 석사와 박사 과정으로 구성되어있고, 전시 갤러리를 운영하고 있습니다. 또한 모노그래프 시리즈 『Cultural Histories of the Material World』와 『West 86th』와 『Source』라는 두 가지 저널을 발행하며, 디지털 미디어 랩을 통해 디지털 프로젝트도 제작하고 있습니다. 리서치는 이 모든 활동을 엮고 상호 간의 정보 교환을 가능하게 하는 매트릭스이기 때문에 우리는 항상 리서치에 대해 생각해야 합니다.

따라서 강조하고 싶은 놀라운 점은 학계는 리서치를 중요한 주제로 생각하지 않는다는 점입니다. 전 세계적 지식의 경제 속에서 리서치는 모든 것을 움직입니다. 정부, 민간 부문 및 교육 기관에서 리서치 비용으로 매년 1조 달러 이상을 지출하는 것으로 추산합니다. 간단한 통계를 한 번 살펴보겠습니다. 미국 의회 도서관 카탈로그에는 약 1억 6천 4백만 개의 항목이 있는데요. 이렇게 많은 항목이 있음에도 "리서치-역사"라는 검색어를 이용한다면(어젯밤 제가 확인한 숫자로는) 43개의 항목이 검색됩니다. 물론 이 검색 목록은 부족한 점이 많지만, 이 주제의 중요성에 비해서 현저히 낮은 숫자라고 볼 수 있을 것 같습니다.

리서치는 우리가 수행하는 것이고, 우리가 생각하는 것이고, 우리 자신을 평가하는 방식입니다. 그러나 아무도 리서치를 중요하게 생각하거나 공부할 대상으로 여기지 않습니다. 우리의 문화적 사각지대인 거죠. 그리고 문화적 사각지대는 발견해낼 수만 있다면 연구할 가치가 다분한 대상입니다. 사각지대에 대한 관심의 부재, 어떤 것을 당연하게 여기는 사고 같은 주제를 연구하자면 우리 사회에 대해 많은 것을 말할 수 있습니다.

우리는 바로 이 사각지대를 밝히기 위해 "리서치란 무엇인가?"라는 질문을 하고 있으며, 이 질문이 아주 중요하다고 생각합니다. 우리가 바드 대학원센터에서 하는 일이어서 또는 연구·개발에 많은 투자를 하고 있어서 강조하는 것은 아닙니다. 리서치는 현대 사회의 핵심입니다. 리서치 덕분에 과학, 기술, 인간의 자기 이해와 관련된 모든 것들이 지난 150년에서 200년 사이에 폭발적으로 증가했습니다. 인류가 모험한 행성이나 탐험했던 나노 풍경들은

이곳은 오늘날에 프렌치 불도그와 관상용 튤립으로 가득하고

잊어버리세요. 그것이 중요한 것이 아니라 리서치는 우리가 생각에 대해 생각하는 방식을 변화시켰습니다. 과거에는 문화적 정의와 인간의 자아 정의가 종교 사제나 과거 지향적 전통을 통해서 중재되었다면, 현대 인식론 속에서 사는 우리는 모든 문제를 해결할 수 있는 도구인 리서치로 무장한 채 미래로 나아갑니다. 모든 것의 끝이 리서치를 가리키고 있다면 반대로 리서치 또한 모든 것을 가리킨다는 주장도 있습니다. 자세하게 설명해보겠습니다. 리서치를 하기 위해 필요한 개인적, 지적 덕목의 종류를 생각해보세요. 끈기와 결단력, 상상력, 조직력, 자기비판, 진실에 대한 사랑, 협력, 소통, 장기적인 안목 등이 필요합니다. 우리가 연구 아카이브나 실험실로부터 한 발짝 떨어져서 본다면, 훌륭한 연구자를 묘사하는 미덕은 결국 훌륭한 인간, 적어도 그러한 인간상 중 하나를 묘사하는 것과 같다는 것을 알 수 있습니다. 그러므로 리서치와 관련된 인식론적 덕목을 자리매김하는 것, 다시 말해 연구자에게 리서치의 의미를 되새기는 것은 동시에 훌륭한 인간상을 재발견하는 것을 의미합니다. 이것은 정치적 관점으로도 볼 수 있겠습니다. 새로운 미국에서 인문 교양 습득의 중요성을 주장했던 제퍼슨의 생각을 떠올리자면, 민주적인 시민은 자기 비판적인 방식으로 진리를 추구하고, 협력하고, 주장하는 데 있어서 리서치와 같은 많은 기술이 필요하기 때문입니다. (리서치와 인문학의 관계에 대해 암묵적으로 제시했던 질문을 더 이상 강조하지 않겠지만, 이 질문은 지난 200년 동안 대학을 괴롭혀온 교육과 리서치 사이의 관계에 대한 더 광범위한 질문의 핵심을 꿰뚫는다고 할 수 있습니다.)

우리가 그리는 이 리서치의 초상화에 대한 또 다른 점이 있는데요. 리서치는 답을 제시하는 것보다는 질문을 던지는 것에 가깝다는 것입니다. 역사를 돌아보겠습니다. 고대 시절로부터 남아있는 조각들을 다시 모으기 시작했던 근대 초기 유럽의 골동품 수집가들은 최초로 과거에 대한 리서치를 한 것으로 인정받고 있습니다. 그들이 유물과 텍스트를 다뤘던 방법을 역사학자들이 이어받았으며 그 방법은 미술사, 고고학, 인류학, 사회학과 같이 19세기에 새롭게 발생한 인문학적 학문 사이에서 발전되었죠. 이 골동품 수집가들은 흙에서도, 먼지로 뒤덮인 아카이브에서도 발굴을 진행했습니다. 그들이 가지고 있던 것은 “엄청난” 호기심이었습니다. 호기심은 예술(Kunst)과 경이의 방(Wunderkammern)을 가득 채웠고 조셉 코넬(Joseph Cornell)과 같은 현대 예술가들에게 영감이 되었습니다.

꼭 필요한 여담을 해보겠습니다. 한때 리서치와 골동품 수집가들 사이에는 아주 뿌리 깊은 연관성이 있었습니다. 마르셀 프루스트(Marcel Proust)는 독자들에게 연인의 열정이 실제로 어떤 것인지 묘사하기 위해 연인의 몸을 알고자 하는 열망을 고미술가의 끝없는 호기심에 비유했습니다. 그 호기심을 인용하면 ”텍스트를 해독하고, 증거를 저울질하고, 오래된 기념물을 해석하는 일”입니다. 연인에 대한 열망을 떠올렸을 때 가장 먼저 떠오르는 비유는 아니죠? 하지만 프루스트는 그의 책 제목에서부터 우리가 리서치라고 생각하는 것이 개인 수준에서는 인간 경험의 핵심에 매우 가깝다는 신호를 보냈습니다. 프랑스어로 recherche가 “탐색”(search)을 뜻할 수 있다면, chercheur는 “연구자”를 뜻할 수 있으므로 이 양가성이 유의미한 것임을 알 수 있습니다.

이러한 부류의 호기심이 골동품 수집가들을 리서치로 이끌었지만, 우리가 리서치라고 부르는 것의 호기심과 같지는 않습니다. 호기심도 한 요소지만, 리서치라는 것은 다릅니다. 제가 잘 알고 있는 예를 들면, 니콜라 파브리 드 페이레스크(Nicolas Fabri de Peiresc, 1580–1637)과 같은 사람들의 리서치에 대한 호기심은 사방으로 뻗어나갔습니다. 현대의 리서치는 호기심이 던지는 질문으로 인해 초점이 맞춰집니다. 질문은 우리가 알아야 할 것과 알면 좋을 것을 구별하는 데는 도움이 되지만, 우리의 질문에 답하는 데에 꼭 필요하지는 않습니다.

전쟁은 20세기를 리서치의 시대로 만들었습니다. 2차 세계대전이 주요한 역할을 했죠. 우주를 향한 리서치와 그로부터 파생된 모든 것들, 모든 민간에서의 응용에 대해 생각해 볼 수 있습니다. 우주 리서치라는 것은 전쟁 직후 포획된 V-2 로켓에 대한 연구에서 비롯한 것입니다. (말해둘 필요가 있는데, 붙잡힌 나치 과학자들과 함께 진행하는 연구였죠.) 하지만 이 연구를 번역하는 과정에서 무언가가 소실되고 말았습니다. 1930년 함부르크에서 두 명의 독일 학자가 65개 리서치 기관의 회원들이 작성한 짧은 보고서와 10개의 인문과학 분야 국제적 조사, 그리고 2권 분량의 리서치 기관의 역사를 출간하였습니다. 1934년, 젊은 카를 포퍼(Karl Popper)는 빈에서 『연구의 논리』(Der Logikder Forschung)라는 제목으로 과학 리서치에 관한 책을 출판했습니다. 하지만 1959년 이 책이 영어로 출판되었을 때, 이 책의 독자들이 마주한 것은(그리고 그 책이 얼마나 중요했는지를 고려하면, 제법 많은 숫자의 독자였을 겁니다.) 과학적 발견의 논리라는 제목이었습니다! "리서치"라는 단어는 어디론가 사라져 버렸습니다. 리서치에 대한 인식이 과학적 방법에 대한 인식과 완전히 동화되어 버린 것입니다. 이후의 학자 세대에서는 이 동화 과정이 너무 깊이 진행된 나머지 과학자들이 하는 리서치는 알려지지 않았습니다. 실험실에서 일어나는 일에 대한 깊이 있는 저서인 『라투르의 리서치실 생활』(Latour's Laboratory Life)을 예로 들 수 있습니다. 건축학적 관점에서 세계적인 리서치 기관인 라호이아(La Jolla)의 소크 기관(Salk Institute)에서 연구하는 라투르는 리서치라는 개념을 탐구하지 않습니다. 그곳의 과학자들을 리서치하는 연구자라고 부르면서도요. 책 전체가 리서치 과정에 대한 민족학임에도 그는 리서치에 대해 질문을 하지 않습니다. 그에게 있어 실험실의 과학은 리서치가 아니라 눈앞에 보이는 그 자체입니다. 또다시 사각지대로 돌아왔습니다.

이런 질문하기의 정신을 바탕으로 바드 대학원센터는 대담의 형식으로 탐구를 시작하겠습니다. 이 탐구는 2023년 우리 갤러리에서의 전시회로 끝맺음 될 것입니다. 우리 문화의 리서치 영웅들보다 우리에게 리서치의 의미를 더 훌륭히 소개할 수 있는 사람은 없을 것 같아요. 이 토론을 위해 9명의 맥아더 펠로가 패널로 모였습니다. 다양한 배경을 가진 예술가, 휴머니스트, 과학자인 이들이 이렇게 모인 것은 리서치를 탐구할 때 리서치가 오직 한 종류만 있다고 가정하지 않을 것이기 때문입니다. 리서치의 전체 범위를 알아야 비로소 "리서치란 무엇인가?"라는 질문에 답할 수 있습니다. 뉘앙스가 그 핵심이죠. 바드 대학원센터의 수호성인이자 후원자 중 한 명인 아비 바르부르크(Aby Warburg)가 말한 것처럼, "우리의 신은 디테일에 있습니다." 오늘을 위해 한 마디 추가해 보자면, "대담에서 우리의 신은 디테일에 있습니다."

I.

피터 N. 밀러: 우선 패널들이 리서치에 관한 각자의 작업에 대해 간단히 소개하는 것으로 시작해 봅시다. 그리고 질문을 하는 걸로 하겠습니다.

안-미 레: 저는 사진작가입니다. 주로 저의 삶으로부터 영감을 받아 작업을 했죠. 저는 베트남계 미국인이고 1975년 베트남 전쟁이 끝날 무렵, 열다섯 살 때 미국에 왔습니다. 처음에는 생물학자로 교육받았고 의대에 진학할 계획이었죠. 리서치 실험실에서 일하게 되었고 의대에 합격도 했지만, 사진을 알고 나서 직업을 전환했습니다. 그래서인지 제 작업은 약간 과학자가 한 것 같기도 하지만, 예술가로서 과학을 하는 겁니다. 리서치도 이런 방식으로 생각하면 흥미로울 것 같습니다. 제 작업은 많은 리서치가 필요하고, 저는 리서치라는 단어를 굉장히 폭넓게 사용합니다. 저에게 리서치란 결국 액세스 권한을 얻는 것이죠.

90년대 초 베트남계 미국인들은 클린턴 대통령이 베트남과 국교를 재개하면서 베트남으로 돌아갈 수 있었습니다. 저도 베트남으로 돌아가 그곳에서 사진을 찍을 수 있었죠. 저의 다음 프로젝트는 전쟁에 대한 기억과 관련이 있었는데요. 저는 현장에 머물면서 현실 세계의 사진을 찍는 걸 좋아하는 사진작가이기 때문에 저의 질문과 주제를 충족될 수 있었던 건 베트남 전쟁을 재연하는 사람들의 사진을 찍는 것이었습니다. 그래서 그 재연 그룹을 접촉하여 그들과 함께 일했죠. 그리고 이 작업을 마무리할 때쯤 우리는 이라크를 침공했습니다. 그리고 이 전쟁이라는 것의 결과와 영향이라는 개념은 저를 아주 괴롭게 했던 것 같습니다.

이라크에 가고 싶었지만 파견 기자가 되지 못했기 때문에, 저는 대신 로스앤젤레스 외곽에서 훈련 중인 해병대원들의 사진을 찍을 수 있는 법을 찾아냈습니다. 조슈아 트리 국립공원의 풍경을 보는 것은 정말 신났고 또 저는 그 풍경이 아프가니스탄과 비슷하다고 생각했습니다. 그래서 그곳에 가서 사진을 찍었는데, 굉장히 흥미로운 작업이 되었어요. 실제로 파괴를 겪지 않으면서도 전쟁에 대해 생각하고, 전쟁을 대비하는 것, 또 어쩌면 전쟁의 결과까지도 생각할 수 있었습니다. 그 후 약간 방향을 달리 해서 저는 실시간 군대에 관심을 두고 그들이 전 세계에서 지금 무엇을 하고 있는지 연구하게 되었는데, 이 과정은 많은 리서치와 액세스 권한이 필요로 했습니다. 최근에 저는 전쟁 장면과 참호 전쟁을 배경으로 한 남북 전쟁 시대극 영화 촬영장에 초대받아 미국 로드 트립 프로젝트를 시작했습니다. 그리고 당시에 남부 연합 기념물에 대한 반발이 일어나고 있어서 이 모든 주제를 모아보았죠. 이런 식으로 미국 도로 여행을 하면서 오늘날 우리 문화의 정치적, 사회적 측면의 맥을 짚으려 노력했습니다.

테리 플랭크: 와, 저는 이런 멋진 사진이 없어요. 그냥 여러분들이 마음의 눈으로 볼 수 있게 묘사해야겠네요. 저는 화산에 대해 연구를 해요. 마그마가 어디서 왔는지에서부터 시작해서, 왜 어떤 화산은 더 폭발적인지와 같이 모든 것을 다룹니다. 지금은 유황을 다루고 있어요. 여기 화산에 가본 분이 몇 분이나 계실까요? 화산에 가면 냄새가 나죠? 유황은 말 그대로 유황이기 때문에 화산에서 나오는 것 중에서 중요한 부분을 차지합니다. 저희는 유황을 우주에서 원격으로 측정할 수 있다는 점이 무언가에 대한 중요한 암시라고 생각합니다. 그렇지만 사실 우리는 유황이 어디서 나오는지는 잘 모르죠. 마그마 안에 담겨 있는 걸까요? 그렇다면 또 마그마는 어디서 온 걸까요?

제가 연구하는 화산들은 판 구조학 주기의 일부입니다. 이 화산들은 태평양판이 지구로 섭입하고 있는 "불의 고리"인 태평양 주변에 있습니다. 그리고 섭입의 과정에서 해저 바닥과 함께 유황도 함께 섭입됩니다. 그래서 저희의 가설은, 유황은 바닷물에서 기원한다는 것입니다. 바다에서요. 이 섭입된 유황은 마그마를 만들고, 다시 마그마가 다시 표면으로 올라오는 용융 과정의 일부가 된다는 것입니다. 제가 연구해온 이러한 순환 과정은 화산뿐만 아니라, 판 구조학적 순환의 기원에 대한 것입니다.

리서치의 관점에서, 이 연구를 어떤 방식으로 분류할지 고민해왔습니다. 저희가 하는 일의 일부는 일종의 프런티어 분석 측정입니다. 현재 영국에는 정말 작은 비율의 유황 동위원소까지 측정할 수 있는 기구가 하나 있습니다. 그리고 유황이 존재하는 전체 심해의 핵심을 XRF 스캔할 수 있는 장비는 거의 없다고 보아도 좋습니다. 저희가 하는 또 다른 일 중 하나는 직접 화산에 가 이것저것 측정하는 것입니다. 지구과학의 환상적인 부분은, 이 학문이 아직 신생 분야라는 것입니다. 판구조론이 1960년대에 바로 이곳, 뉴욕의 컬럼비아 대학교에서 발견되었다는 것을 아시나요? 인류는 판이 맨틀로 가라앉는 섭입론을 그때 발견했습니다. 아직 너무나 신생 분야이고 데이터가 여전히 제한되어 있기 때문에 우리는 여전히 지구를 돌아다니며 탐험합니다. 저는 최근에 알래스카의 알류샨 섬에 있는 활화산에 대해 연구하고 있습니다. 그중 세 개가 현재 분출 중이죠. 만약에 북아메리카로부터 아시아로 향하는 비행기를 타는 하루 인구인 6만 명 중 한 명이 된다면, 여러분은 알래스카 화산 영공 위를 날고 있는 것입니다.

마리나 러스토우: 저는 역사학자입니다. 카이로 중세 회당에 보존된 특정한 텍스트 "캐시"(cache)를 리서치합니다. 11세기에 지어진 이 회당에는 낡은 필사본을 보관하는 공간이 있었습니다. 19세기 후반에 걸쳐 약 40만 개의 필사본 조각들이 이 회당에서 발견돼 주로 유럽을 비롯한 여러 개인 소장품이나 도서관에 배포되었습니다. 그리고 이 캐시 중 약 4만여 개의 조각들은 역사학자들이 "다큐멘터리 텍스트"라고 일컫는 것들입니다. 즉, 편지, 법률 문서, 식료품 목록, 말 그대로 세금 영수증과 같이 먼 후세를 위한 작성된 것이 아닌 텍스트들을 의미합니다. 정말 지루하게 들리겠지만 전 지금 세금 수납 영수증에 푹 빠졌습니다. 그야말로 매료되었어요. 그런 면에서 21세기 세금과는 거리가 멀죠. 11세기 세금들은 정말 매력적입니다.

우선, 제가 읽은 텍스트는 아랍어로 되어 있는데, 이 문서를 작성한 사람들이 대부분 유대인이었기 때문에 아랍어를 히브리 문자로 적었습니다. 20세기 학자들은 유대-아랍어라고 불렀지만, 당시 사람들은 그냥 아랍어라고 불렀을 것입니다. 또 11세기와 12세기에 매우 제한적으로 쓰였던 히브리어와 아랍어 문서도 일부 있습니다. 하지만 저는 그 외에 아랍어 문자로 적힌 문서도 연구하기도 하죠.

저는 사회사학자이기 때문에 역사를 시작점에서부터, 즉 사람들의 일상생활로부터 이해하고자 합니다. 처음으로 고고학 발굴

현장에 가서 중세의 화장실을 본 것은 제 인생에서 가장 행복한 순간 중 하나였는데, 그전까지는 11세기에 사람들이 어떻게 화장실에 갔는지 이해하지 못했기 때문입니다. 저는 현재까지 남아 있는 기록이 매우 적은 시간과 장소에 대해 연구를 하고 있습니다. 문서 대부분은 우연히 보존되었거나 고고학적으로 발굴된 것이죠. 제 분야에서는 정보의 부족이라는 문제에 끊임없이 부딪힙니다.

카이로 게니자(Cairo Geniza)의 11세기 또는 12세기 문서로, 세 개의 조각을 맞춰 복원한 것입니다. 이 문서는 정부 관료의 능력을 나타내는 화려한 미사여구의 아랍어 시로, 스승과 제자로 구성된 두 명의 국가 관리가 번갈아 가며 모필했을 것으로 추정합니다. 케임브리지 대학교 도서관, T-S Ar. 42.196 + T-S Ar. 30.316 + T-S 기타 5.148. 케임브리지 대학교 도서관 조합의 허가를 받아 복제했습니다.

히데오 마부치: 저는 물리학을 전공했습니다. 그중에서도 주로 원자 물리학과 광학 물리학 교육을 받았죠. 그리고 지난 20여 년간 양자 공학의 기초 연구에 초점을 맞춘 리서치 그룹을 운영해 왔어요. 다시 말해 공학의 핵심 이론과 방법론을 새롭게 단장하여 향후 수십 년 동안 나노스케일 시스템으로 하게 될 일을 준비한다고 생각하시면 됩니다. 우리는 실험실과 레이저 실험실에서 보통 진행되는 실험적인 리서치를 이론과 계산 작업과 병행하고 있습니다. 이론 계산은 양자역학과 같은 이론이 실제 기술에 어떻게 적용되는지 이해하기 위한 노력이라고 볼 수 있죠. 대부분의 학문적 물리학 리서치가 그렇듯이 그중 제가 하는 일은 대학원생들과 박사 후 연구원으로 이루어진 리서치 그룹을 관리하는 것입니다. 그래서 이 연구에서의 제 역할은 일종의 리서치 매니지먼트라고 할 수 있습니다. 또 이 리서치를 뒷받침하기 위한

담요처럼 덮인 하얀 꽃 사이로 뻗어져 나왔다.

기금을 모으기 위해 매우 열심히 노력하고 있죠. 요즘 과학 분야의 학술 리서치가 주로 이런 식이에요. 제가 직접 그룹 연구의 선두에 있는 문제에 대해 깊고 의미 있는 방식으로 참여하는 건 매우 드문 일입니다.

그래서 그것에 대한 반작용이랄까요. 아니면 그럴 시기가 된 건지 모르겠지만 스튜디오 도자기에 대한 개인적인 관심이 생기고 있습니다. 주로 장작불로 굽고 물레로 만들고 변형된 도자기들이죠. 도자기를 만드는 사람으로서 그런 데에 많은 시간과 에너지를 쏟아요. 요즘은 또 도자기에 관해 이야기하고, 도자기에 대해 글을 쓰고, 도자기

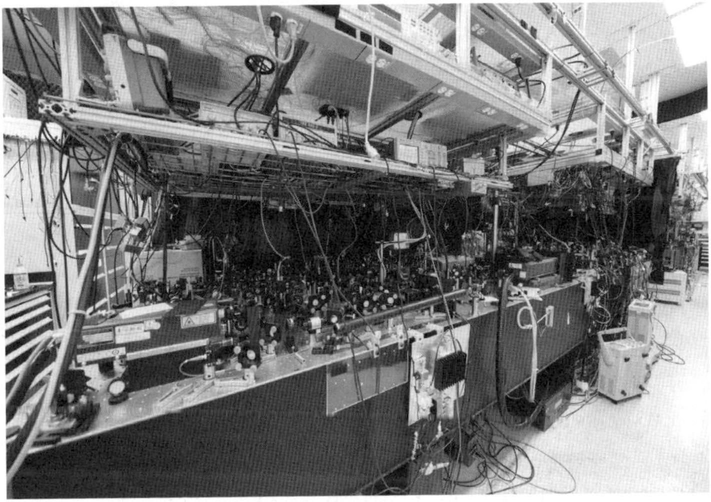

비선형 응답 함수의 일관된 파장 이동을 보여주기 위해 레이저 냉각 원자와 비변성 광학 파라 메트릭 발진기를 코히런트 피드백 루프에 통합하는 장치입니다. 히데오 마부치 제공

매체 특성을 분석하며, 현대 도자기에 적용되는 일종의 비판 이론에 대해서도 관심이 많습니다. 하지만 또 물리학자로서 전통적인 공예품 제작 공간에서 진흙을 파내고 장작이 타는 가마에 넣는 작업을 하다 보면 색깔, 질감, 외관, 표면과 같은 것을 관찰합니다. 그러면 거기서 자세히 어떤 일이 일어나고 있는지 궁금증이 생겨납니다. 여기서 저는 과학적 흥미와 능력으로 도자 공예에 새롭게 관여할 수 있습니다. 저는 도자기 표면 형성에 대한 물리학과 화학 연구에 관심이 많습니다. 한동안, 본업 몰래 진행하는 것 같은 부업이었지만, 요즘은 제가 학자로서 하는 교육과 도자기 제작에 대한 연구를 융합하는 데에 집중하고 있습니다. 실제로

STEM 분야와 인문학 및 예술을 연결 짓는 교육에 관심이 많습니다.

실라 니런버그: 제 리서치는 "신경 코딩"이라고 불리는 것을 주로 다룹니다. 뇌가 외부 세계로부터 정보를 받아들여 그것을 전기적 펄스의 패턴으로 변환하는 방법을 연구하고, 어떻게 우리가 패턴으로부터 의미를 유추하는지에 대한 질문입니다. 예를 들자면, 여러분은 지금 저를 보고 있고 제 얼굴을 보고 있습니다. 그리고 그것은 여러분의 뇌에서 전기 펄스의 패턴으로 표현되죠. 다른 사람들을 볼 때의 패턴과는 다릅니다. 그래서 언뜻 보면, "사진과 비슷하다. 사진에서처럼 분명히 구분할 수 있을 것이다."라고 생각할지 모릅니다. 하지만 뇌가 하는 일은, 그리고 시각 시스템이 하는 일은, 제 얼굴 중에서 여러분이 필요한 부분을 추려내는 것입니다. 그래서 제가 방을 나갔다가 다시 돌아오더라도 여러분이 저를 알아볼 수 있도록 말이죠. 모든 주근깨나 눈썹 털을 하나하나를 기억하는 게 아닙니다. 알 필요가 없기 때문입니다. 아주 흥미로운 질문이죠. 우리가 사람을 알아볼 수 있도록 기억에 저장하는 것은 무엇일까요? 사실, 이 과정을 우리 뇌가 그렇게 잘해 내지는 않습니다. 그렇기 때문에 많은 사람이 범죄 현장 목격자로서 정말 최악의 역할을 합니다. 또 여기저기에 우리의 고정관념을 투영하는데, 이건 또 다른 부차적 프로젝트입니다. 아주 흥미롭죠.

이것이 주로 제가 연구한 것인데요. 이 과정에서 저는 코드 하나를 해독했습니다. 광수용체에서 일어나는 시각 입력으로부터 뇌로 신호를 보내는 시신경으로 가는 코드입니다. 이걸 풀어내고 나니 이 정보를 이용해 시각장애인들을 위한 보철 장치를 만들 수 있다는 걸 알게 되었습니다. 이 변환의 과정을 모방할 수 있는 장치를 만들 수 있는 거죠. 이 갑작스러운 깨달음은 일련의 책임감으로 이어졌습니다. 그래서 회사를 차렸어요. 그러고 나니 환자들에게 물건을 공급할 때까지 수행해야 하는 모든 과정이 따라왔죠. 어떤 학자들은 과학자로서 좋은 아이디어만 있다면, 환자들에게 그걸 공급하는 과정에는 연구 보조금이 필요하다고 생각합니다. 하지만 그렇지는 않죠. 엄청난 돈이 듭니다. 그래서 제가 할 수 있었던 가장 좋은 일은 특허를 받은 다음 부자들에게 가서 그 아이디어를 위한 기금을 부탁하는 것이었습니다. 그리고 오늘은 허가를

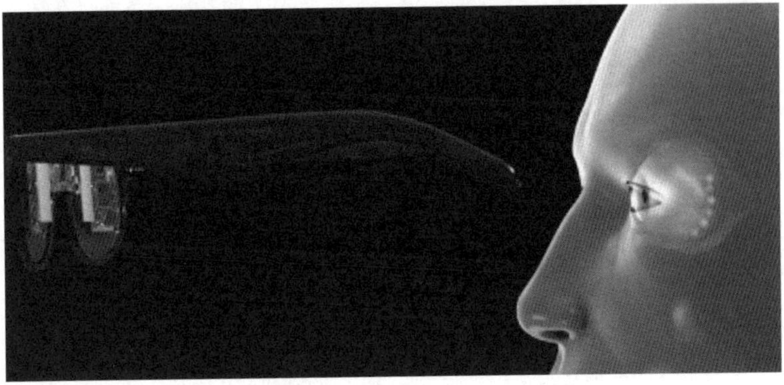

생체 공학적 시력 보철. 실라 니런버그 제공

받기 위해 FDA에 보내야 할 마지막 부분을 제출했습니다.

이게 제 일의 반 정도이고, 나머지 절반은 이 코드를 컴퓨터 비전의 프런트 엔드로 사용하는 것입니다. 또 로봇이 우리와 같은 방식으로 정보를 분석하게 할 수 있는지 알아보는 작업입니다. 얼굴 인식이나 자가 운전 자동차, 감정 감지를 통해 해왔던 일들이죠. 우리가 할 수 있다면, 로봇도 이해할 수 있을 것입니다. 사람들의 얼굴에서 볼 수 있는 모든 미세한 것들, 예를 들어 진짜 미소, 비꼬는 미소, 반어적 미소의 차이 같은 것들이 신경 활동의 패턴에서 어떻게 표현되는지를 보는 것은 매우 흥미롭습니다. 그래서 이 주제를 바탕으로 회사도 차린 것입니다.

이런 아이디어들은 너무나 흥미롭습니다. 아이디어가 있으면 그걸 해내야만 합니다. 어떻게 보면 인생의 아름다운 부분이죠. 그래서 근사한 휴가를 가지도 않고, 비행기를 사지도 않을 겁니다. 물론 저에게 지금 그럴 돈이 있다는 건 아니지만요! 그리고 그런건 중요하지 않아요. 저에게 기쁨이란 무언가를 알아내서 다른 사람들에게 유용하게 만드는 것입니다. 어쨌든, 그게 제 이야기입니다.

톰 조이스: 저는 조각가로서 49년 동안 철을 벼려 왔어요. 철을 다루게 된 첫 번째 계기는 제가 자란 뉴멕시코에 있는 작은 마을 엘 리토(El Rito)에서 시작되었습니다. 철에 대해 더 많이 이해할수록, 저는 망치를 지니고 전 세계를 많이 돌아다니게 됐습니다. 이 풍부한 재료를 단조하고 제작하는 다른 문화권의 집단을 이해하기 위해서였죠. 지구상의 철의 역사를

살펴보면, 철의 중심에서 모든 자기장이 생성되고, 그 활발한 움직임으로 우리를 태양의 공전 궤도에 머물게 합니다. 동시에 지구의 맨틀 근처에는 연간 15억 미터톤에 이르는 채굴할 수 있는 철이 존재합니다. 정말 놀라운 점이었죠. 또 지구상의 철을 연구하는 관점 중 하나는 최초의 생명체이자 부산물로 산소를 생성해냈던 시아노박테리아와 철이 맺었던 공생 관계에 대한 것입니다.

철이 우리 몸속에 흐르는 이유와 이 재료의 사용 가능성을 알게 된 후 저는 이 물질을 사용할 때 발생하는 결과를 더욱 잘 이해해야 한다는 걸 깨달았습니다. 제가 일하는 각 잉곳(ingot)의 꼭대기에는 녹은 철 덩어리 위에 불순물들이 전부 가라앉아 있습니다. 전부 인간의 지문만큼 서로 다르고 독특합니다. 제 작업은 눈에 보이지 않는 독특한 물성들을 찾아내는 과정입니다.
단조된 조각은
균질해

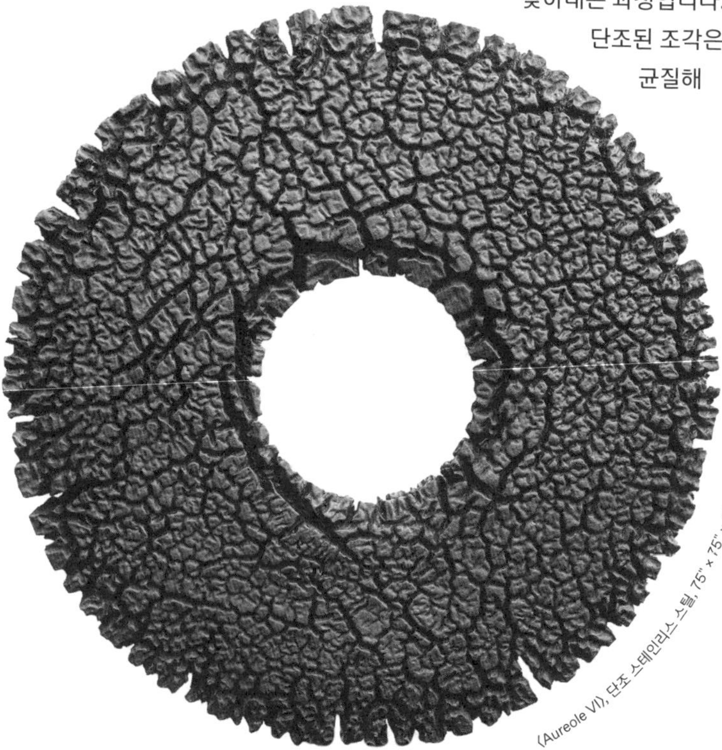

〈Aureole VI〉, 단조 스테인리스 스틸, 75" × 75" × 4", 4,407파운드. 톰 조이스 제공

보이고, 가공 후에는 순수해 보입니다. 하지만 그 물질을 극한의 온도로 가열하고 매우 빠르게 냉각시키는 침식 과정을 거치면, 제가 작업하고 있는 조각품에 결정질 매트릭스로 발현된 내부 입자 구조를 노출시킬 수 있습니다. 규모의 측면에서 어떤 것은 3-4톤 정도이고, 2년 정도 지속되는 순환 과정을 거치며 보통 그때까지 수백 번의 냉각 사이클을 거쳐야 합니다. 이 재료들은 금속학자들이 군사 계약을 위해 연구했던 재료보다 더 강력합니다. 그리고 저는 그 재료에서 연약한 지점, 파괴 불가능하다고 여겨졌던 부분의 파괴점을 찾으려고 합니다. 다시 말해 저의 방향성은 산업의 규모에서 철의 다양한 쓰임을 살펴보는 것입니다. 우리가 상상할 수 있는 것 이상으로 거대한 철을 제조할 자금이 생겼던 산업혁명 전에, 인류 역사 수천 년 동안 대장장이들은 우리 삶에서 중요한 존재였습니다. 현재 철의 쓰임은 그 대장장이들의 작업만큼이나 중요합니다. 저는 시카고 외곽에 있는 이 공장에서 일하는데, 이 작업은 우리가 의존하고 있는 세계 안에서 무슨 일이 일어나고 있는지 스스로 파악할 수 있게 해주죠. 하지만 이 모든 일들은 조용히 진행됩니다. 그래서 우리는 우리가 입는 옷이나 우리가 운전하는 자동차, 우리가 조종하는 비행기가 대장장이들이 우리 대신 산업의 이면에서 24시간 내내 일해야 제조할 수 있다는 것을 깨닫지 못합니다.

애니 도슨: 2012년, 저는 이제껏 진행해 왔던 여러 프로젝트를 "알고리즘 극장"이라는 항목으로 묶었습니다. 제가 진행해온 일을 멀티미디어 공연 예술이나 "로봇" 같은 것들과 구별하기 위해 이 이름을 지었죠. 사람들은 제게 로봇 극장이 어떻게 되어 가는지 묻기 시작했고, 그때 저는 제 작업이 로봇 극장이 아니라고 대답해야 했습니다. 제가 만들던 건 사실 로봇 극장이 아닌, 연극을 제작할 수 있는 알고리즘을 고안하려는 시도에 가깝습니다. 저는 존 케이지(John Cage)를 비롯해 스스로 "알고리스트"(the algorists)라고 칭한 1세대 비주얼 아티스트, 특히 로만 베로스트코(Roman Verostko), 마크 윌슨(Mark Wilson), 만프레드 무어(Manfred Mohr)의 영향을 많이 받았습니다. 그러나 60년대 후반과 70년대에는 처음으로 "컴퓨터 극장"을 시작한 세대가 따로 있었습니다. 그리고 저는 그 제작 과정과 공연에 이르기까지의 관계에

그리고 꿀의 축복에 목까지 잠긴 과로한 꿀벌,

정말 관심이 많았죠. 연극에는 지속적이며 이의도 제기되지 않는 일련의 가정이 있습니다. 즉, 고대 그리스까지 거슬러 올라가는 인간 본성에 대한 관념이며 인간 습성에 있어 변치 않는 영원한 진리라는 것입니다. 아리스토파네스(Aristophanes) 또는 소포클레스(Sophocles)에게서도 발견할 수 있는 이 가정은 셰익스피어(Shakespeare)와 브레히트(Brecht)를 거쳐 오늘날에 이르기까지 지속되었습니다. 그 가정에 의문을 제기하기 위한 방법으로 저는 컴퓨터 프로그래머와 협력하여 연극을 제작해낼 컴퓨터 코드를 작성하였죠. 이 프로젝트를 실제로 적용하였을 때 만들어진 것이 〈Hello Hi There〉라는 작품으로, 공연마다 실시간으로 새로운 대화를 생성하는 2개의 챗봇으로 구성됩니다. 기계의 복수랄까요!

이 챗봇들은 언어라든지 창의성, 인간 본성 등 제가 관심 있는 질문들에 대해 주로 이야기합니다. 물론 이 챗봇들의 대화는 자꾸 다른 주제로 빠집니다. 한 주제에 잘 집중하지 못하죠. 그리고 저는 〈햄릿〉을 각색한 〈A Piece of Work〉이라는 작품을 만들었습니다. 이 프로젝트 역시 컴퓨터 프로그래머들과 협력하여 각 공연에서 연극 햄릿의 각색을 실시간으로 생성하는 일련의 알고리즘을 설계했습니다.

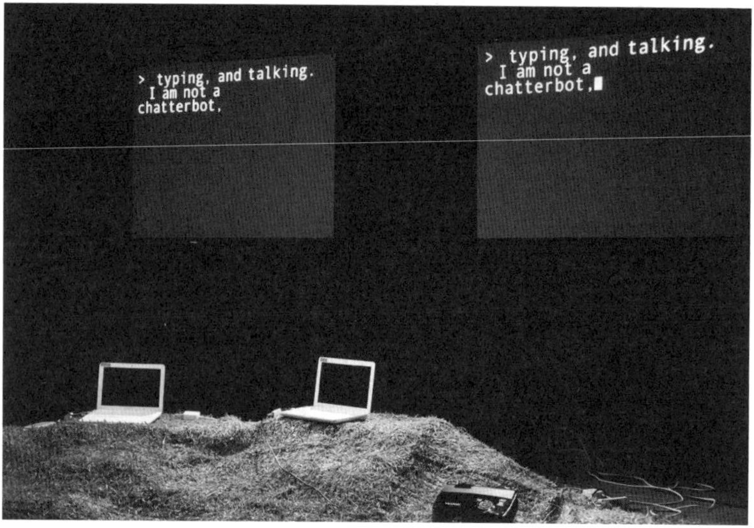

애니 도슨의 작품 〈Hello Hi There〉의 한 장면. 슈타이리셔 헤르프스트/실베리

내용뿐 아니라 효과음이나 조명, 무대 디자인을 비롯한 모든 요소 역시 자동으로 생성됩니다. 그야말로 “햄릿 머신”과 같습니다. 마지막으로, 〈Yesterday Tomorrow〉는 이 알고리즘 연작의 마지막 작품으로 비틀스의 〈Yesterday〉와 뮤지컬 〈Annie〉의 〈Tomorrow〉 라는 두 개의 팝송을 사용합니다. 그리고 첫 번째 노래의 선율과 가사를 두 번째 노래로 서서히 바꾸는 알고리즘을 설계하여, 그 악보가 생성되는 대로 즉석에서 바로 노래를 부를 수 있는 놀라운 현대 음악 보컬리스트 3명과 함께 작업했습니다. 다시 말해 이 작품은 시간의 은유에 대한 것입니다. 컴퓨터의 시간, 음악의 시간, 은유적 시간, 또는 과거와 미래, 그리고 우리가 이러한 시간에 대해 어떠한 공상을 하는지에 대한 것 말이죠. 이런 것들이 제가 주로 해왔던 작업입니다.

캠벨 맥그래스: 저는 시를 써요. 시인입니다. 제 이력서에 나열된 다른 직업들은 사실 어쩌다 보니 맡게 된 우연한 사고 같은 거죠. 제가 거절하기도 하고요. 제가 학생들에게 가르치는 저만의 방법이 있는데, 그 사람이 부탁을 마치기도 전에 그냥 알겠다고 대답하는 겁니다. “저기, 요새 이런 걸 기획하고 있는데 혹시….” “예, 할게요. 뭐든 상관없습니다. 합시다.” 그래서 하는 일이 연극이나 공연에 관련된 것이고, 더 최근에는 시나 비주얼 아티스트와 함께 일하는 것이죠. 제가 정말 좋아하는 일들입니다. 이런 일들은 마이애미에서 굉장히 많이 일어납니다. 물론 저는 항상 하겠다고 말하지만 그렇다고 제가 그 분야에 숙달되거나 지식이 있다고 주장하는 건 아닙니다. 뭘 하고 있는지도 모르기 때문에 하는 거죠. 그리고 보통 이런 식으로 일을 하다 보니 제가 할 줄 아는 일들이 더 늘어가는 경향이 있습니다. 시를 쓰는 것도 마찬가지죠. 10대 때부터 해왔고, 제가 좋아하는 일이라고 생각했습니다. 그러다 이렇게 시 쓰는 일을 평생 계속할 수도 있다는 것을 천천히 깨달았습니다. 그리고 57세의 나이에도 무대에 앉아서 여전히 16살 때 좋아했던 일을 할 수도 있는 거죠. 운이나 기술, 또는 어쩌다 일어나는 확률들이 복합적으로 작용해야 합니다. 하지만 기본적으로 제가 할 줄 아는 유일한 것은 시를 쓰는 것입니다. 그냥 계속 글을 씁니다. 너무 오랫동안 해왔던 작업이라 저는 시를 쓰는 방식이 아주 다양해요. 처음 책을 쓴 다음, 두 번째 책을 쓰고 “내가 더 할

수 있는 일이 있을까?"라고 묻곤 합니다. 또는 "어떻게 시의 정의에 대한 개념을 확대하거나 바꾸거나 다르게 바라볼 수 있을까?"라고 물을지도 모릅니다. 저는 올해 11번째 책을 출판했는데, 그중 비슷한 책이 한 권도 없다는 게 마음에 듭니다. 어느 책도 시에 대해 같은 생각을 하거나 같은 과정을 반복하지 않았습니다. 사람들이 저를 알아볼 수 있는 어조나 시를 쓰는 방식이 있으면 좋겠지만 어쨌든 똑같은 걸 계속해서 한다고 느끼지 않기를 바랍니다.

시간이 갈수록 다큐멘터리 영화 제작 같은 다른 일을 해야 했다고 생각하고 있습니다. 저는 일반적으로 시를 생각하는 방식이 아닌, 다큐멘터리 영화에서 매체로서의 시를 정말 좋아합니다. 그래서 11권의 책들 중 거의 절반은 세계의 어떤 측면을 다루는 일종의 역사 다큐멘터리 프로젝트입니다. 제 세 번째 책인 『시카고에 봄이 온다』(Spring Comes to Chicago)는 사실은 밥 호프에 대한 일종의 거대한 지적 탐구 프로젝트인 〈The Bob Hope Poem〉이라는 긴 시입니다. 그러나 실제로 밥 호프는 미국 문화를 전 세계에 아주 이상한 방식으로 투영한 "문화 군사 복합체"라는 개념의 전신인 것을 알게 되었습니다. 그 밖의 다른 생각들은 이 사실에서 출발했습니다. 25년 전, 〈Florida Poem〉이라는 시를 썼습니다. 시카고에서 남부 플로리다로 이사하는 것은 화성으로 이주하는 것과 같습니다. 그래서 이 책은 역사적으로 또는 생물학적으로 묻혀 있던 플로리다의 역사를 탐구합니다. 가장 최근에 저는 『XX: Poems for the Twentieth Century』라는 책을 썼습니다. 이 책 역시 일종의 역사 프로젝트인데, 이런 상상을 했죠. "20세기의 이야기를 당사자로서, 그러니까 역사적 인물들의 목소리로 쓰인 시로 서술할 수 있을까?" 20세기의 해마다 한 편씩, 그해에 의미 깊었던 인물의 목소리로 쓰인 백여 개의 시로 쓰인 시리즈입니다. 그 거대 프로젝트들 중간중간에 저는 그냥 보통의 서정시 여러 종류를 씁니다. 어쨌든 시의 지적이고 물리적인 의미를 확장하는 것을 좋아합니다. 그게 제가 하는 일입니다.

<u>엘로디 게딘</u>: 캠벨의 소개보다 더 좋은 소개를 할 수 있을까요? 저는 기생충학자입니다. 일부 사람들이 생각하는 것처럼 초심리학자 같은 것이 아닙니다. 저는 항상 벌레를 좋아했어요. 제가 하는 일은 벌레의 게놈을

해독하는 것입니다. 그리고 무엇을 해독할지에 대해서는 불가지론자에 가까워요. 그래서 유전자가 있는 벌레라면 그 유전자를 알아내려고 노력합니다.

저는 바이러스, 기생충, 박테리아를 리서치하고 있습니다. 제 분야에서는 사람들이 한 가지에 집중하다 보니 보통 "x"나 "y"의 전문가가 되죠. 하지만 저는 한 가지에 집중하는 것이 어려웠습니다. 저의 전문 지식은 분자 도구, 즉 컴퓨터 도구를 사용하여 이를 다양한 것에 적용하는 것입니다. 그래서 저는 이른바 "최하위 10억 명의 빈곤층"에 영향을 끼치는 질병이라고도 하는 방치된 열대성 질병에 대한 리서치를 시작했습니다. 이것은 바이러스 감염, 박테리아 감염, 벌레 감염이 있을 수 있는 세계 지역에 영향을 미치는 질병입니다. 특히 저는 이 미생물과 기생충, 여러 병원체가 숙주와 상호 작용하는 방식에 관심이 있습니다.

제가 연구하는 기생충의 사진입니다. 기생충(Brugia malayi)과 비기생충(Caenorhabditis elegans)이 함께 있는 모습입니다. 엘로디 게티 제공

우리가 집중하는 측면 중 하나는, 세계의 어떤 지역의 사람들은 너무 많은 미생물에 노출된 나머지 우리가 사는 지역의 특정 질병들을 가지고 있지 않다는 사실입니다. 예를 들어, 알레르기, 다발성 경화증, 제1형 당뇨병과 같은 자가면역 질환들 말입니다. 이러한 질병들은 인간이 미생물에 더 많이 노출되는 일부 지역에서 발병률이 훨씬 낮습니다. 인간종의 진화 과정 중 미생물과 숙주의 공동 진화가 있었기 때문입니다. 우리의 연구는 미생물들이 어떻게 숙주와 상호작용을 하는지 이해하는 것, 또는 이 병원균들이 분비하고 있는 분자 중 분리되어 치료제로 쓰일 수 있는 것들을 찾아내는 것입니다. 그것이 제 리서치의 한 측면입니다. 그리고 저는 독감에 대해 많은 연구를 합니다. 매 계절 어떤 새로운 변종이 나타날지 예측하려 하며, 계절마다 어떤 변종이 유행하는지 걱정할 필요가 없도록 보편적인 독감 백신을 개발하려고 노력합니다.

간단히 말해 제가 하는 일은 컴퓨터 및 게놈 툴을 사용하여 "숙주-병원체 상호작용"을 탐구하는 것입니다.

II.

피터 N. 밀러: 좋아요. 모두 감사합니다. 그럼 마지막 발언자였던 엘로디에 이어서 진행해 볼까요? 엘로디, 우리 패널의 첫 번째 질문에 답해주겠습니까? 과학자로서 어떻게 리서치를 하시나요?

엘로디 게딘: 두 가지 측면이 있습니다. 기술적 측면과 리서치에 대한 직관적 측면이죠. 그래서 과학자로서 교육받을 때는 기본적으로 리서치 방법의 하나인 "과학적 방법"을 배웁니다. 과학적 방법에는 제일 먼저 특정한 문제에 대한 좋은 질문을 생각하고, 그 질문에 대해 가설을 세워서 답하는 매우 기술적, 체계적인 방법이 있다고 말합니다. 사실 가설을 생성하는 일은 쉽지 않습니다. 자신이 생각하는 정답을 비틀어본 관점에서 고려해야 하고, 그런 다음의 목표는 자신이 한 말을 반증하는 것입니다. 가장 쉬운 예시는 "하늘이 왜 파란색이지?"인 것 같아요. 관찰해보고 나서 이 질문을 다시 해봅니다. 그리고 이 관찰에 대해 전문적으로 말해보자면, "관찰에 대한 가설은 빛이 대기의 가스를 통과하여 분자에서 반사된다는 것이고, 파란색 빛이 직진하는 노란색과 주황색의 빛보다 더 많이 반사된다는 것이다. 푸른 빛이 반사되어 하늘 전체가 파랗게 보인다. 나의 가설은 푸른 빛이 대기의 가스 분자에 의해 굴절된다는 것이다." 이것이 가설입니다. 그리고 이제 자신의 방식대로 그것을 반증해야 합니다. 리서치는 결코 진공 상태에서 진행되지 않습니다. 만약 제 리서치 방법이 무엇인지 묻는다고 합시다. 저는 공기가 기체로 가득하다는 것을 알지만, 이 정보는 제가 다른 사람들이 생각해낸 지식을 바탕으로 제 질문이나 가설을 세웠다는 것을 의미합니다. 다시 말해 질문을 생각해낼 때까지 어떤 종류의 직관도 물론 필요하지만, 모든 질문은 결국 이전의 지식을 바탕으로 이루어집니다. 리서치의 한 측면 중 하나이자 동시에 리서치가 해야 할 일은 과거에 알고 있는 것을 바탕으로 미래를 예측할 수 있도록 하는 것입니다. 그런 다음 미래를 예측할 때는 예측된 미래를 또 다른 가능성으로 반박하는 과정도 필요합니다.

피터 N. 밀러: 그렇군요. 감사합니다. 실라의 의견도 한 번 들어볼까요?

실라 니런버그: 글쎄요. 리서치는 가설을 시험하는 것에 관한 게 아닐까요? 어떤 생각이 있고, 그것이 사실인지 궁금한 거죠. 그런 다음 사실 여부를 시험하는데, 모호한 부분까지 구별해 낼 수 있도록 하는 진행을 하는 겁니다. 그리고 깔끔한 답이 나오도록 해야 할 때도 있습니다. 만족스럽지 않은 답답한 답안이 나오면 안 되니까요.

피터 N. 밀러: 테리는 어떻게 리서치를 하죠?

테리 플랭크: 우리 분야는 다소 날것의 신생 과학이고 아직 무지의 틈이 있다고 생각합니다. 여전히 데이터가 제한적이고 대부분의 화산에는 실제로 기능을 하는 계측기 같은 도구가 없습니다. 계측기가 있다고 해도 실시간으로 원격 측정 또는 데이터 신호를 보내는 종류의 계측기가 아니죠. 만약 자동으로 작동하며 실시간으로 인공위성과 소통할 수 있는 기기를 여러 개 만들 방법이 있다면, 그건 엄청난 기회일 겁니다. 우리는 화산에 많은 전조 현상이 있다는 것을 알고 있습니다. 다만 그것들을 측정하지 않기 때문에 우리가 하는 일에는 원시적인 발견의 측면이 대부분이죠.

동료 중 러몬트-도허티 지구 관측소(Lamont-Doherty Earth Observatory)에서 일하는 사람들이 있습니다. 그리고 그들이 발견한 판구조론은 말 그대로 바다 위를 왔다 갔다 하던 중 발견된 겁니다. 계속해서 왔다 갔다 한 거죠. 심지어 자신들이 무엇을 찾을지조차 몰랐습니다. 매일매일 폭발과 같은 현상을 일으키고, 해저 바닥의 구조를 보고, 중심부를 살펴보고, 자력계를 끌어다 측정해 보는 거죠. 그렇게 왔다 갔다 하다가 발견하게 되었습니다. "세상에, 바다 한가운데에 산등성이가 있어요!" 우리 분야의 과학에서는 이렇게 원시적인 발견으로 탄생한 모험들도 있고, 아직 아무도 연구하지 않은 데이터도 있습니다. 제가 가장 좋아하는 연구들이죠.

마리나 러스토우: 저는 리서치를 정의하기보다 제가 리서치라는 것을 할 때 무얼 하는지 말하는 게 좋을 것 같아요. 저는 뭔가를 읽습니다. 정확히는 정말 알아보기 힘든 글씨체를 뚫어져라 바라보며 자신의 부족함을 느끼는 것을

의미합니다. "만약 내가 더 나은 언어학자였다면, 이런 글들을 읽을 수 있을 텐데." 하고 생각하는 거죠. 그래서 제가 많은 대학원생을 가르치기 시작하고 나서야, 그 책들을 읽을 수 없는 것이 사실 부끄러운 일이 아니라는 것을 알게 된 것 같습니다. 저를 교육했던 세대는 학자가 한눈에 무언가를 읽을 수 있을 정도로 히브리어나 아랍어가 완벽하지 않다면 뭔가 근본적으로 문제가 있다고 생각했으니까요.

그다음에는 아랍어로 된 서기가 종이에서 펜을 떼지 않고 글씨를 써 내려간 세금 영수증을 읽습니다. 그리고 바로 그 서기가 다른 세금 징수원을 위해 글을 썼다는 것도 발견하죠. 읽기 위해 쓰는 것이 아니라 비밀 암호를 쓰는 것입니다. 한편으로는 매우 매력적인 문서죠. 해독해 내고 싶으니까요. 하지만 다른 한편으로는 처음부터 해독되기 위해 쓰인 글이 아닌 겁니다. 텍스트와의 배틀 로얄이나 다름없죠. 제가 학생들에게 알려주는 "규칙"이 있습니다. 80%의 연구를 해내는 데에는 전체 시간의 한 20% 정도만 소요됩니다. 그리고 마지막 20%를 읽어 내려가던 중 항상 해독할 수 없는 단어 다섯 개 정도가 나오는 거죠. 그리고 바로 그때 전 세계의 동료들에게 스카이프를 걸기 시작합니다. 만약 제 동료들도 해독을 못 한다면 한편으로는 정말 행복합니다. 제가 덜 무지하다는 뜻이니까요. 하지만 다른 한편으로는 아무도 이것을 해독하지 못한다는 생각에 정말 슬프기도 합니다.

제 연구의 대부분은 사전을 찾아보거나 땀을 흘리는 것 같은 낭만과는 거리가 멉니다. 그다음 질문이 있죠. 일단 그 모든 노력을 쏟고 나면 그것으로 뭔가 아름다운 결과를 만들어낼 수 있을까요? 제가 하는 말도 지금까지 다른 패널이 말한 것과 크게 다르지 않아요. 연구할 가치가 있는 문제를 생각해 낼 수 있나요? 누군가가 실제로 읽고 싶고, 알고 싶어 할 만한 이야기를 쓸 수 있나요? 그런 힘든 작업을 마치고 난 다음에 말이죠.

호기심을 유발하는 것은 정보의 부족입니다. 저에게는 카를로 긴츠부르그(Carlo Ginzburg)라는 역사학자 스승이 있습니다. 초기 근대 역사학자로 "무지의 희열"에 대해 말했죠. 이 무지의 희열은 그가 완전히 무지한 분야의 프로젝트에 새로 착수하려 할 때 경험하는 느낌입니다. 한편으로는 정보 부족, 다른 한편으로는 무지의 행복감인 거죠. 그러나 여기에 또 세 번째 요소가 있습니다. 제가 리서치 과정에서 가장 흥미롭게 생각하는 부분인데요, 바로 잘못된 지식입니다.

예를 들어 보겠습니다. 지난 10년 동안 저는 왜 사람들이 11, 12세기 이집트에서 정부에 민원을 넣었는지 이해하기 위해 노력했습니다. 사람들은 정부에 믿을 수 없을 정도로 평범한 것들에 대해 민원을 넣었죠. 실제로 있었던 민원 이야기 하나를 말해 보겠습니다. "내 이웃집 아들이 내 아내를 계속 물어뜯습니다." 왜 이집트의 술탄이 이런 일에 신경을 쓰겠어요? 이집트의 칼리프와 술탄들은 거의 모든 것에 대한 민원을 들을 겁니다. 이 민원에 대한 연구를 시작했을 때, 저는 이 백성들의 일상과 정부 사이의 연결고리에 완전히 매료되었습니다. 이전 학문에서는 민원서와 대응 절차가 일상의 수준에서 어떻게 작용했는지에 대한 연구가 두 문단 정도뿐입니다. 누가 민원을 작성했는지, 어디서 제출할지, 어떻게 처리되었는지 그 정도만 진행되었습니다. 그때 저도 두 문단 정도면 충분하다고 생각했어요. "그래, 이건 민원서와 대응 절차에 대한 설명일 뿐이야."라고 생각했습니다. 그리고 본격적으로 연구를 하기 시작했고, 우리가 민원과 그 대응 절차에 대해 전혀 알지 못한다는 것을 깨달았습니다. 그리고 그 주제에 대해 500페이지를 썼습니다.

뭔가를 안다고 생각했지만, 사실은 모르고 있던 부분들이죠. 그걸 연구하는 건 갑자기 자신 앞에 깊은 틈이 쩍 갈라지는 걸 보는 과정입니다. 저의 리서치 과정에서 가장 흥미롭고 매력적인 부분입니다.

<u>히데오</u> <u>마부치</u>: 지금까지 언급된 모든 것에 밑줄을 긋고 싶습니다. 리서치는 맥락에 따라서 다른 것을 의미하겠죠. 사람들은 리서치를 일종의 문제 해결로 생각하는 경향이 있습니다. 때로는 그렇지만, 때로는 완전히 다른 개념입니다. 무언가를 인식하는 것 자체도 리서치의 매우 중요한 측면이라고 생각합니다. 특히 과학 분야에서는 가설에 기반한 리서치가 상당 부분을 차지하죠. 하지만 리서치를 할 때 가장 중요한 점은 우리가 이미 알고 있다고 생각한 것을 재구성하는 것입니다. 리서치는 "탐색"하는 것입니다. 그리고 안락한 환경에서 있다 보면 이런 작은 틀에 갇히게 되죠. 그럴 때 정말로 필요로 하는 것은 여러분을 그 틀로부터 쫓아내는 것입니다. 어떤 작은 불편이나, 일상 중 발견한 어떤 특이한

것들로 인해 자신만의 막다른 골목에서 벗어날 수 있습니다. 이 모든 것들은 리서치의 방법이자 한 측면이며, 어떤 작업을 하느냐에 따라 다르게 적용됩니다.

피터 N. 밀러: 잠시 질문 한 가지를 하고 싶어요. 히데오, "물리학 교수인 히데오"는 "아티스트 히데오"와는 다른 방식으로 리서치에 대해 생각하나요?

히데오 마부치: 사실 도자기나 독서 같은 것에 더 많은 시간을 투자하기 시작하고 나서 저는 제가 한 번도 제대로 된 과학자인 적이 없다는 걸 깨달았습니다. [웃음] 저는 항상 자신에게 만족하지 못하는 예술가와 비슷했는데, 어쩌다 우연히 자연과학 분야에서 일하기 시작한 거죠. 물론 요즘은 창작 과정과 관련된 수업을 하나 맡고 있습니다. 도자기와 물리학의 결합이죠. 제 학생들은 도자기 스튜디오에서 일하고 저는 학생들이 창작 과정에 대한 여러 접근 방식을 실험해보도록 합니다. 그리고 그런 접근법이 실제로 학문적 리서치, 심지어 과학적 리서치에도 적용될 수 있는지를 보여주려 합니다. 남아프리카 예술가 윌리엄 켄트리지(William Kentridge)의 훌륭한 책 『Six Drawing Lessons』에서 고안한 방법입니다. 저자는 창작 과정이란 무엇인지에 대해 말하죠. 자기 생각을 정말 관심 있는 것들로 가득 채운 다음, 스튜디오에 가서 재미있는 게임들을 만들고 그걸 자신이 직접 해보는 겁니다. 그러면 이따금 어떤 재밌는 생각이나 결과가 불쑥 나타나는 것을 볼 수 있습니다. 그러면 그런 것들에 관심이 느껴지고, 지속해서 그걸 연구해 보는 겁니다. 이런 과정은 과학자로서도 할 수 있죠. 오래된 과학 분야인 물리과학에 종사하면 기본적인 재료와 개념에 대해 충분히 숙지가 된 상태이기 때문에 가능한 것입니다. 하지만 물론 이것저것 쓸데없이 해 볼 수도 있고, 학생들이 이것저것 시도해보도록 격려할 수도 있습니다. 그리고 제가 교수로서 하는 진정한 창의적 작업은, 뭔가 재밌는 일이 일어났을 때 그걸 알아차리는 것입니다. 즉 스튜디오에서 일어난 일이나 우리 그룹의 학생들이 하는 일에 관여하는 거죠. 예술가들이 창작 과정에 관해 쓴 것들을 읽기 시작했을 때 굉장히 놀랐습니다. 제가 과학적인 리서치를 하는 모습과 별반 다르게 느껴지지 않았죠.

하지만 너도밤나무는 그렇지 않다. 절대 흔들리지 않는다. 건장하고,

피터 N. 밀러: 캠벨은 어떻게 리서치를 하나요?

캠벨 맥그래스: 저는 역사적이거나 탐구적인 프로젝트에 대한 책을 씁니다. 물론 제가 쓴 글이 시처럼 보이기를 원하지만, 지적인 의미에서 리서치 프로젝트가 되길 바랍니다. 예를 들어, 저는 〈The Bob Hope Poem〉의 한 부분을 작업하기 위해 시카고의 도시 건설 역사와 산업화에 대한 모든 것을 알아야 했어요. 혹은 앞서 말했던 20세기에 관한 책을 위해서는 모더니즘을 이해해야 했죠. 모더니즘이 무엇인지 조금은 압니다. 피카소 그림을 봤거든요. 하지만 정확히 그게 무슨 뜻일까요? 모더니즘의 지적 역사는 무엇이며, 어떻게 설명해야 할까요? 예전에는 대학교 도서관에 방문했지만, 지금은 아마존에 가서 27권의 중고 책을 산 다음 전기, 역사책, 심미적 탐구 서적을 쌓아 놓고 공부하기 시작합니다. 반면에 제가 사랑 시나 소네트 같은 것을 쓸 때는 직관적으로 실행합니다. 그건 마치 "내 머릿속을 떠나지 않는 작은 언어"라던가 또는 "이걸 시로 만들고 싶어." 같은 생각이죠. 이건 그야말로 예술적 방법입니다.

저의 주요 리서치 방법은 월트 휘트먼(Walt Whitman)이 〈나 자신의 노래〉(Song of Myself)의 첫머리에서 말하는 것과 비슷한 것 같습니다. "나는 빈둥거리며 내 영혼을 초대한다"(I loaf and invite my soul)이 그것이죠. 처음 부분에 등장하는 아주 유명한 대사입니다. "나는 빈둥거리며 내 영혼을 초대한다." 빈둥거리는 것이 저의 주된 리서치 방법입니다. 사람들이 항상 "캠벨은 늘 빈둥거려. 별로 어렵지 않은 삶을 살아."라고 말하던 걸 기억합니다. 그때 "아니, 이건 리서치입니다. 저는 지금 일하고 있어요."라고 답하는 거죠. 지금 저는 대서양에 관한 책을 쓰고 있고 마이애미 해변에 살고 있습니다. 그래서 기본적으로 제 신조에 따르면, 제가 바다를 바라보거나 수영을 하며 보내는 매시간은 리서치 시간입니다. 하지만 사실이에요. 저는 제 글의 주제를 깊이 경험하고 있고 그 과정은 별로 과학적이지 않을 수도 있습니다. 직관적이죠. 어느 날, 갑자기 이런 생각이 드는 겁니다. "이렇게 글을 써야겠다. 이게 바로 내가 바다에 대해 하고 싶은 말이다." 혹은 "이런 식으로 이런 것에 대해 생각을 해 봐야겠다."

마지막으로 덧붙이자면, 저에게 굉장히 중요한 세 번째 요소가 있습니다. 물리적 현장이나 그 풍경 속에 있는 것이 그것을 주제로 글을 쓸 때 아주 중요하다는 점입니다. 그래서 20세기에 관한 책을 쓸 때도 리서치의 상당 부분은 전기 같은 책을 쌓아 놓고 읽는 것이었지만, 한편으로는 히로시마나 아우슈비츠 같은 물리적 장소로 가야 할 필요성을 느꼈습니다. 또 만약 발터 벤야민에 관해 쓴다면, 그가 살았던 영역을 탐험할 필요성을 느꼈지요. 그곳에 직접 가본 경험이 제 글에 나오는 장소의 역사나 어조를 어떻게 바꿨는지 모르겠지만, 이 과정이 매우 중요하게 느껴졌고 여전히 제게 영감을 주는 주요 원천입니다. 세계의 물리적 장소에 있는 물리적 풍경에 있다 보면 마치 작은 기차가 출발하듯 무언가가 움직이기 시작하고, 오랜 시간이 걸릴 수도 있지만, 그것은 완성된 시가 됩니다.

피터 N. 밀러: 애니, 실험실에서 일하는 것과 해변에서 빈둥거리는 것 중 어떤 걸 선호하세요?

애니 도슨: 저는 빈둥거리고 싶네요. 그리고 그런 리서치 방법에 꽤 익숙합니다. 하지만 제 분야에서는 리서치에 대한 이 질문이 굉장히 흥미롭죠. 이 질문은 최근 약 20년 동안 무용과 연극 같은 현대 공연과 시각 예술에서 아주 뜨거운 화두였습니다. 하지만 "예술적 리서치"라는 개념은 사실 자신이 쓰고 싶은 주제에 대해 리서치하는 것보다는 과학적 방법에 더 가깝습니다. 솔직히 말해서 제가 예술적 리서치 같은 것의 존재를 믿는지 모르겠습니다. 이론적으론 다음과 같습니다. 예술 행위는 지식 습득과 개념 창조의 한 형태입니다. 그래서 작업을 더 많이 할수록, 자신이 대답하고자 하는 질문을 직접 디자인하려고 하고, 심지어는 예술적 창작을 통해 어떻게든 시험해 볼 수 있는 가설을 고안하려고 하죠. 만프레드 무어는 70년대 초에 컴퓨터 아트를 만드는 과정에 대한 에세이를 썼습니다. 그는 컴퓨터가 자신이 손으로 그려왔던 것과 비슷한 이미지를 만드는 방법을 가르치려고 한 겁니다. "굉장히 좋은 질문인데? 어떻게 하면 컴퓨터에 연극 만드는 법을 가르칠 수 있을까?" 하고 생각했죠. 거의 불가능하다고 생각했습니다. 어떤 면에서는 부정하며 학습하는 것과 비슷합니다.

그리고 컴퓨터에 연극 만드는 법을 가르칠 수 있는지 시험할 방법을 고안하려 했습니다. 극장이란 무엇일까? 그 절차에는 무엇이 있을까? 사람들이 모여 연극을 준비할 때 무엇을 할까? 희곡에 관한 이야기를 하는가? 또는 제작 기획에 관해 이야기를 하는가? 연기에 관해 이야기하려 하는가? 이렇게 문제를 여러 부분으로 나누고 문제를 공략할 방법을 찾으려 합니다. 전부 좋은 이야기들입니다. 까다로운 질문도 있습니다. 자신이 과거 리서치를 기반으로 연구하는지, 다른 사람들이 연구할 여지를 남겨두고 있는지, 자신의 가설을 실제로 증명하거나 반증할 수 있는지에 대한 여부입니다. 이런 질문을 하다 보면 까다롭고 주관적인 가치 같은 것에 빠지게 됩니다. 어떤 면에서는 제가 케이지나 만프레드 무어 같은 사람들의 방법론을 따른다고 말할 수 있습니다. 다소 비슷합니다. 그들의 발견에 무언가를 더하고 확장해 나가는 거죠. 지금 여러 기술을 연극에 적용하는 일을 하면서도 다른 사람들이 무언가를 시작하고 연구할 여지를 남겨두고 있습니다. 그래서 어떤 비슷한 점은 있지만, 예술적 리서치를 리서치라고 부를 수 있는지 잘 모르겠어요.

엘로디 게딘: 같다고 생각해요.

애니 도슨: 그래요?

엘로디 게딘: 네. 완전히 똑같아 보여요.

애니 도슨: 정말요?

엘로디 게딘: 네.

애니 도슨: 흥미롭군요. 저는 일종의 반대론자가 될 준비가 됐었거든요. 굉장한 유행이었습니다. 모든 사람이 예술적 리서치를 하고 있고 새로운 방법론과 기술을 발명하고 있다는 이 개념들은 또 매우 멋지게 들리고요. 하지만 저는 항상 그것이 집착의 일종이라 생각했습니다. 왜냐하면 그런 엄밀함을 우리 예술가들이 가졌는지 확실치 않았거든요. 우리가 뭔가

진지한 일을 한다고 스스로 생각하는 데 도움이 됐을지는 모르죠.

엘로디 게딘: 맞아요. 하지만 진지한 일이죠.

애니 도슨: 네. 하지만 아시다시피 우리는 항상 이런 일에 있어서 자존감이 낮죠.

엘로디 게딘: [웃음] 너무 좋아요.

애니 도슨: "진정한 사상가"인 과학자들에 비해서는요.

캠벨 맥그래스: 하지만 요점은 이거네요. 과학에서 증명 가능성이란, 이러한 방법론을 통해 만들어진 좋은 결과인 겁니다. "이 새로운 방법론을 봐!" 같은 느낌입니다. 하지만 방법론 자체가 중요한 것은 아니니까요. 그 방법론이 만들어낼 작품이 중요한 거겠죠?

애니 도슨: 그렇게 생각할 수도 있을 것 같습니다. 한참 유행이 시작했을 2000년대 초에 "댄스 리서치"에 대한 수많은 댄스 공연을 봤는데, 못 봐줄 정도였어요. 분명 무언가를 하고 있었고, 그 무언가를 하고 있다는 건 확실하지만, 정확하게 무엇을 하고 있는지는 모르겠다는 겁니다. 그리고 무언가를 전달하려고 하는 순간 그 비유는 더 이상 성립하지 않아요. 대중과 마주칠 때, 혹은 자기 주제에 대한 리서치팀의 일원으로서 자신의 분야에 있지 않은 누군가와 마주칠 때 말입니다. 어떻게 자신의 발견을 전달할 수 있을까요?

엘로디 게딘: 저희도 마찬가지예요.

애니 도슨: 그래요?

엘로디 게딘: 네. 어떻게 전달할 수 있을까요? 무언가에 대해 아주 구체적인 방식으로 이해하고, 그리고 자신의 분야에 종사하는 사람들에게 설명합니다. 하지만 일반적으로 글을 쓸 때는 여러 분야의 매우 광범위한

과학자들을 위해 글을 쓰죠. 쉽지 않은 일입니다.

애니 도슨: 그러네요.

피터 N. 밀러: 톰, 리서치에 대해 어떻게 생각하십니까?

톰 조이스: 정말 흥미로운 질문입니다. 왜냐하면 진정한 리서치가 진행된다는 건, 제가 지금까지 잘 알고 있다고 생각했던 것에 대해 불편함을 느끼며 자리에서 느리게 움직일 때라고 생각하기 때문이죠. 저에게 리서치는 일반적으로 그늘에 가려진 곳에서 일어나고, 자신의 기반이 확실한 영역 안에서 일어나며, 내부에서 일어나는 작업입니다. 깊은 지식에 대한 작업이고요. 리서치란 그 안락한 공간 밖으로 벗어나 전문 영역 이외의 것들을 조사하는 것을 말하는 것 같습니다.

피터 N. 밀러: 안-미, 당신은 한 때 리서치 과학자였다고 언급했습니다. 그중 지금까지 사진작가로 일하는 데 도움이 되는 것이 있습니까?

안-미 레: 제가 예술가가 된 이유 중 하나는 생물학이 제게 너무 좁은 영역이라고 느꼈기 때문입니다. 생물학 분야에서 일하다 보면 잠깐 다른 길로 갔다가 돌아오는 것이 용납되지 않습니다. 어떤 목표를 가지고 그 목표 안에 계속 머물러야 했습니다. 하지만 예술가로서 만약 어떤 것에 대한 영감을 받는다면, 곧바로 그 리서치를 개시할 수 있는 것 같습니다. 그리고 프로젝트가 잠깐 우회할 수도 있죠. 그래도 괜찮은 겁니다. 물론 몇몇 위대한 과학자들은 그렇게 잠깐 다른 방향으로 틀었다가 위대한 것들을 발견하기도 했죠. 하지만 제게는 그렇게 융통성이 허용되지 않는 것 같았습니다. 또 “라이프”(life)라는 주제가 있습니다. 저는 이것이 매우 흥미롭다고 생각합니다. 저는 라이프에 대해 리서치하기를 원했지만, 생물학자로서는 굉장히 제약이 많았습니다. 하지만 리서치에서 흥미로운 점이 있습니다. 과학자로서 리서치는 바로 작업 그 자체입니다. 시각 예술가의 경우(물론 달라진 부분도 있지만) 리서치는 작품을 만들기 위해 하는 것입니다. 물론 많은 예술가, 특히 현재 활동가들은 리서치를 아카이브처럼 실제 작업이나 공연으로 사용합니다. 액세스 권한을 얻으려는 노력과 이것을 얻을 수 있는지 없는지에 대한 생각, 이 모든 건 작업의 일부가 되었고 그 과정과 노력을 작품에서 보여줍니다. 저에게 리서치는 사진이라는 최종 결과에 도달하는 데 도움이 되는 전부를 말합니다.

테리 플랭크: 그러면 리서치는 안-미가 미리 해 두는 일이라는 의미인가요?

안-미 레: 그렇죠. 그리고 그것은 일을 해내는 것에서부터 시작합니다. 무엇을 찍을 것인가? 따라서 주제를 선택하고 이전에 진행되었던 작업을 보는 거죠. 그 외에 할 일이 있을까? 잠수함에 들어갈 방법이 있을까? 또는, 화산을 어떻게 촬영할까? 어떤 과학자가 날 도울 수 있을까? 이런 일들이죠. 이런 과정은 또 매우 흥미롭지만, 이런 직업만으로 최종 작업의 품질이 달라질 것 같진 않습니다. 그래서 때때로 사람들은 "그 모든 액세스 권한을 얻어낸 건 정말 대단하군요."라고 말합니다. 하지만 그러면 저는 또 심각하게 고심하게 됩니다. "잠수함에 타는 건 성공했어. 하지만 사진이 정말 잘 나왔을까?" 그런 의미에서, 제가 핵 잠수함을 타고 북극 근처로 갔다는 것은 별로 중요하지 않습니다. 중요한 건, "그 액세스를 얻음으로써 좋은 사진을 찍을 수 있었나?"입니다. 항상 저를 고통스럽게 하는 질문이죠.

안-미,
더 나은 지원을 드리기 위해 아래와 같은 질문을 드리고 싶습니다.

- 베트남에서 어떻게 사절단과 만나실 계획이신가요?
- 베트남 정부에서 허가를 받으셨나요?
- 주베트남 미국 대사관과 함께 일을 진행 중이신가요?
- 얼마나 오래 머무실 건가요?
- 도서 승인을 담당하는 뉴욕시 해군 정보국(NAVINFOEAST)을 통해 미 해군 정보국장(CHINFO)의 승인을 받으셨습니까?
- 베트남 어디에서 머무실 계획입니까?
- 이전에 미 해군이나 미군의 다른 부대와 함께 일하신 적이 있습니까?

메아리를 증폭하는 것, 지금도 나는 열심히 일하며,

- 당신의 책에 등장하는 직접적으로 등장하는 NGO나 IGO의 동의를 구하셨습니까?
- 미 해군, USNS Mercy 및 기타 생각할 수 있는 사람이나 조합에게 할 수 있는 예상 요구 사항이 있으신가요?
- 선박을 방문할 계획이 있으십니까? 만약 있으시다면, 머시(Mercy)호에서 1박 이상을 보내시겠습니까?
- 베트남으로 갈 수 없다면, 다른 나라에도 관심이 있으십니까? 저희 사절단은 캄보디아, 인도네시아, 동티모르, 팔라우, 파푸아뉴기니를 방문할 예정입니다.
- 마지막으로 제가 간과한 사항이 있다면 추가 부탁드립니다.

어쩌다 보니 답변보다 더 많은 질문을 드렸군요. 그렇지만 안-미 씨의 프로젝트나 목표를 저희가 잘 이해하고 있어야 안-미 씨를 잘 서포트해 드릴 수 있을 것 같습니다.
[redacted]

[redacted]

퍼시픽 파트너십 2010 공보실(Pacific Partnership 2010 Public Affairs)
[redacted]
마칼라파 드라이브 250 81
펄 하버, HI 96860-3131
DSN [redacted]
연락처 [redacted]
팩스 [redacted]
[redacted]
웹사이트: www.cpf.navy.mil

> 보낸 사람: 안-미 [[redacted]]
> 보낸 시간: 2010년 1월 14일 목요일 오전 7시 49분
> 받는 사람: [redacted]
> 제목: Re: 사진 촬영(U)
>
> Dear [redacted],
> 저는 봄도 가능하고 여름 내내 가능합니다. 주로 베트남과 그 주변 동남아 항구 방문에 관심이 있습니다.
> 그때 아직 일정이 없으신가요?
> 친절한 도움에 정말 감사드립니다.
> 안-미
>
>> 2010년 1월 8일 금요일 오후 9시 28분에, [redacted]
>> 메일 작성함:
>>
>> 안-미,
>> 이번 달에 한에서는 유감스럽게도 퍼시픽 파트너십이 도움이 되지 못할 것 같습니다. 봄부터 파트너십을 모집하므로, 일정이 가능한 시간이 있으시다면 알려주세요.
>> 감사합니다.
>> [redacted]
>>
>> [redacted]
>> 퍼시픽 파트너십 2010 공보실

[redacted]
마칼라파 드라이브 250 81
펄 하버, HI 96860-3131
DSN [redacted]
연락처 [redacted]
팩스 [redacted]
Web: www.cpf.navy.mil

보낸 사람: [redacted]
보낸 시간: 2010년 1월 8일 금요일 오후 2시 38분
받는 사람: 안-미; [redacted]
참조: [redacted]
제목: RE: 사진 촬영(U)

[redacted]를 참조하였습니다. (연락처 [redacted]) – [redacted]이며 올해 퍼시픽 파트너십 임무를 위해 미 해군함정 머시호로 갈 예정입니다. 군대 임무 수행 중 승선하기 좋은 시간을 알려주실 겁니다

[redacted]
연락처: [redacted]
모바일: [redacted]

보낸 사람: [redacted]
[이메일: [redacted]]
보낸 시간: 2010년 1월 9일 토요일 오전 1시 54분
받는 사람: 안-미; [redacted]
참조: [redacted]
제목: RE: 사진 촬영(U)

분류: 미분류

안-미,
이력서와 도움이 필요하신 현 프로젝트의 범위를 다시 전송해 주실 수 있겠습니까? 현재 4월, 운하를 통과할 미 해군함정 선박이 있어 요청 사항과 부합할 것 같습니다.
감사합니다.
[redacted]

보낸 사람: 안-미 [redacted]
보낸 시간: 2009년 11월 30일 월요일 오전 11시 28분
받는 사람: [redacted]
참조: [redacted]
제목: 사진 촬영

월트 휘트먼은 뉴욕에서 언제나 나의 동반자이기 때문에,

[redacted] 님과 [redacted] 님에게

이번 사진 책 프로젝트 관련해서 요청하신 것에 추가로 이메일을 보내드립니다. 저는 현재 대학에서 사진 강의를 하고 있어 여행 일정이 제한적이기 때문에, 이번 겨울 방학 시간 동안 꼭 이 프로젝트를 진행하고 싶은 마음입니다. 1월 9일부터 1월 24일 사이 제가 함께할 기회가 있을 경우 알려주신다면 정말 감사하겠습니다.

저는 미군이 아시아나 중앙아메리카, 남아메리카에서 진행하는 협동 작업을 촬영하고 싶습니다. 실제 작전이어도 좋고, 아시아 군대나 남미 군대와 함께 진행하는 훈련이어도 좋습니다. 또 인도적/민간 차원에서 민간인과 함께 이루어지는 이벤트에도 관심이 있습니다.

[redacted] 님에게: 카리브 제도, 중앙아메리카, 남아메리카, 그리고 물론 파나마 운하 전역.
[redacted] 님에게: 전 지역 모두 가능합니다. 베트남에서 운항하는 해군 병원선에도 관심이 있습니다.

도움에 진심으로 감사드립니다. 제가 추가로 드릴 정보나 사항이 있을 경우 알려주신다면 요청이 빠르게 이루어질 수 있도록 제공해 드리겠습니다.

안-미 드림

III.

피터 N. 밀러: 지금 소통에 관한 토론을 하는거죠? 그러면 리서치는 대중을 위한 것이 아니라는 것을 암시하는 건가요? 리서치는 생산의 측면에서만 행해지고, 바깥으로 향하는 측면에선 리서치를 보여주지 않는 걸까요? 고려해 볼 만한 질문입니다.

또 다른 방식의 질문이 있을 수도 있겠군요. 애니의 코멘트에 숨겨진, 엄밀함의 부족에 대한 문제입니다. 또 캠벨이 “빈둥거림”에 대한 이야기를 할 때도 언급이 되었고요. 로버트 카로(Robert Caro)의 새 책 『Working』에서 등장하는 그의 첫 번째 편집자에게도 엿볼 수 있습니다. 뉴 저지에 있는 작은 지역 신문의 편집자였던 그가 젊은 탐사 보도 기자에게 했던 유일한 조언은 “모든 페이지를 넘기세요.”였습니다. 리서치는 그 무엇보다도 특성한 종류의 엄밀함에 관한 것입니다. 그래서 예술은 대중을 향한 것이지만, 리서치는 엄밀하고, 지루하고, 끊임없이 생산되는, 내향적 활동이다 라는 것이 현재 우리의 접근 방식인가요?

엘로디 게딘: 글쎄요. 그 주제에 대해 할 말이 있습니다. 흥미로운 점이 있죠. 좋은 과학자와 나쁜 과학자는 이 “엄밀함”의 측면에서는 동일해 보일 수 있지만 외부로 드러나는 면모에서는 아주 다를 수 있습니다. 하지만 각각이 물어보았던 질문 역시 아주 다를 수 있습니다. 그래서 저는 동료와 함께 매달 작은 모임을 주최하고 있습니다. 동료들과 술을 함께 하며 아주 편한 자리로요. 우리는 그것을 “밤 과학”(night science)이라고 부릅니다. “밤 과학”의 전제는 가설 중심의 모임이 아니라는 것입니다. 가설이라는 것은 그냥 무언가를 탐색하는 것이 아니라 일부분만을 살펴보도록 하기 때문입니다. 그냥 무언가를 탐색하는 게 아니라요. 따라서 “밤 과학”은 가설이 없는 곳입니다. 연극이나 예술이나 시와 더 잘 어울리는 모임일지도 모르겠군요. 또 우리는 과학자로서도 빈둥거리기도 합니다. 그리고 밤은 아이디어가 떠오르는 시간이기도 합니다.

마찬가지로 과학에서도 어떤 직관이 있습니다. 그리고 제가 하는 많은 일들은 그저 발견일 뿐입니다. 무슨 일이 일어나는지 보기 위해 그냥 뭔가를 하는 거예요. 연구비를 받기는 정말 어렵습니다. 연구비 지원서에 "낚시 탐험을 하고 있어요."라고 말하는 겁니다. 물론 낚시를 하면서 예상하지 못한 것을 발견할 수 있어요. 저는 과학자로서 그런 것도 중요하다고 생각합니다. 하지만 종종 목적만을 추구하는 과학자들이 있습니다. 어떤 특정한 답을 찾고 있는 거죠. 박사 과정 학생들이 제게 와서는 울면서 "제 결과를 보세요. 제가 생각했던 것과는 전혀 다른 결과가 나왔어요."라고 말합니다. 그러면 저는 같이 결과를 살펴봅니다. "이걸 봐. 네가 생각했던 것보다 훨씬 더 흥미로워."라고 말해 주죠. 여러분들이 하는 일도 마찬가지일 거라고 생각합니다. 예술적 작업을 하다 보면 예측하지 못한 곳에 도달해 있을 때가 더욱 많으니까요.

캠벨 맥그래스: 물론이죠. 예술에서 작업의 결과물이 어떻게 나올지 처음부터 확정 지을 수 있다면, 그 결과물은 거의 흥미롭지 않을 거라고 장담할 수 있습니다. 예술가의 발견은 받는 사람, 보는 사람, 읽는 사람, 누구든 간에 그들이 작품에 대해 흥미를 느끼도록 만드는 경향이 있습니다. 탐험해야 하죠. "그 작품은 내가 생각했던 대로 정말 나왔어. 놀라워." 이런 작품도 있죠. 하지만 모든 새롭고 이상한 길이라든지, 좌회전이라든지, 과정의 변화에 열려 있어야 합니다. 그 과정은 예술의 모든 것이죠. 그래서 훌륭한 청사진으로 시작하고 가설도 세웁니다. 그런 다음 시 두 줄 정도를 적자마자 그 시가 당신에게 말하는 겁니다. "그건 정말 하나도 재미가 없어." 그럴 때는 시의 말을 들어야 한다는 걸 배우는 데 아주 오랜 시간이 걸리죠. 그 시가 당신보다 더 많이 알고 있다는 것 말입니다. 아주 조밀하고 반직관적인 생각입니다. 그리고 학생들은 시인이 아니라 시 자체가 주인이라는 것을 깨닫는 데 너무도 오랜 시간이 걸립니다. 비록 시인 역시 주인이긴 하지만, 시 역시 주인이라는 것은 이상하지만 틀림없는 사실입니다. 하지만 앞서 말했던 외향과 내향에 대한 관점에서 일반적으로 시에 쏟은 모든 노력은 독자들이 시를 수월하게 경험하도록 하기 위해 존재합니다. 그래서 학생들이 셰익스피어의 소네트를 읽을 때, 이렇게 말하곤 하죠. "그건 쉬워요. 그냥 쓰면 되는 것 아닌가요?" "셰익스피어에게 이런 시가 얼마나 쉬웠는지 보세요. 그냥 혀만 굴리면 되는 거죠."

그럴지도 모르죠. 하지만 그게 바로 기술의 숙달이라는 겁니다.

당신도 못 하고, 저도 할 수 없어요. 셰익스피어는 할 수 있었기 때문에 그의 시를 읽고 "셰익스피어는 150개도 더 쓸 수도 있었을 거야."라고 생각합니다. 하지만 그건 미학적인 문제입니다. 몇몇 사람들은 말하죠. "모든 예술은 표면적으로 아름답습니다. 우리는 예술을 거칠게 다듬어 아름다움의 개념을 파괴하고 다른 방향으로 나아가야 합니다." 하지만 이 과정에서도 마찬가지로 관찰자와 독자, 관객들이 그들이 보고 있는 것을 예상하거나 작가가 이미 알고 있던 내용처럼 보이게 하기 위해 작품을 창작합니다. 하지만 실제로는 다른 길, 다른 방법으로 진행된 거죠.

애니 도슨: 맞아요. 당연한 이야기지만 예술은 또 이렇습니다. 우리가 이야기했던 과학적 방법에는 또 다른 요소인 통제의 개념이 있습니다. 어떤 것을 시도하며 "만약 이런 요소를 도입한다면 어떻게 될까?"라고 묻는다면, 그 요소를 도입하지 않았을 때 어떤 결과가 나오는지도 봐야 합니다. 하지만 예술은 그렇지 않죠. 예술적 리서치에 있어서 없는 것이 바로 이것입니다. 통제 요소가 없는 거죠.

엘로디 게딘: 맞아요.

애니 도슨: 미학은 너무 다루기 힘들고 복잡합니다. 뉘앙스가 너무 많아요. 우연한 일들은 관객이 볼 때 의도적인 것으로 보이기도 합니다. 공연자가 통제할 수 없는 것들(조금 더 크게, 또는 덜 크게, 왼쪽 대신 오른쪽으로 이동한다든지, 공연 순간순간에 일어나는 일들)은 전부 관객들의 경험이 되고, 정확히 어떤 미묘한 부분들의 집합이 어떤 효과를 만들어내는지는 파악할 수 없습니다. 물론 한 작품이 얼마나 많은 다른 인상을 남길 지는 말할 것도 없죠. 아마 관객의 숫자만큼 다양할 겁니다. 하지만 대기 중에 존재하는 기체의 분포는 거의 매번 똑같을 겁니다. 이런 복제 가능성에 대한 개념 또한 제가 가지고 있는 질문입니다.

피터 N. 밀러: 애니, 그렇다면 "알고리즘 극장"에 대해서 질문해도 될까요? 그 작품을 리서치 프로젝트라고 생각해본 적 있나요?

애니 도슨: 네. 항상 그렇게 생각해요. 하지만 또 그렇게 생각하는 게 적절한지 고민하기도 합니다. 저는 컴퓨터 과학자들과 협력하고 있고, 그들은 예를 들어 실험이 무엇인지와 같은 개념의 관점에서 저와 전혀 다른 교육을 받고 있죠. 그래서 예술적 리서치의 측면에선 제 프로젝트는 리서치입니다. 그 외에도 연구비 지원 같은 걸 얘기할 수도 있겠죠. 프로젝트를 시작하기 전에 시사회 날짜가 정해진다고 합시다. 저는 제가 계획한 일이 흥미로운 결과를 도출하기를 바랄 뿐입니다. 또 공연하는 거의 모든 사람에게 자주 일어나는 일인데, 작업이 끝날 무렵에는 지금까지 만든 결과물을 관객들이 의미 있게 받아들일 수 있도록 하는 과정에서 소동 같은 것이 있습니다. 사실 리서치라는 개념은 공연 제작 구조와는 상반되는 무언가가 있죠. 공연 제작은 "그것이 내가 느끼는 어떤 느낌입니다."라고 말하는 것과 비슷해요. 결과물에 관해 이야기할 때는 운에 맡긴 채로 "저는 리서치를 하고 있습니다. 제 리서치는 특정 기술에 대한 탐구이거나 질문이지만, 동시에 오프닝 저녁이 있을 예정이고, 뭔가 좋은 것을 만들려고 노력 중입니다."고 말하죠. 그리고 나서는 모르는 거죠, 자신이….

캠벨 맥그래스: 그게 맞는지 아닌지 모르더라도, 오프닝 저녁에는 무언가를 발표해야 하는 거죠.

애니 도슨: 그러다 보면 갑자기 좋다, 나쁘다는 것과 같은 단어를 쓰게 되죠. 흥미롭다거나 새로운 질문을 생성한다거나 같은 표현이나, "리서치"의 개념을 엄밀히 다룰 때 사용할 수 있는 다른 형용사 대신해서요. 하지만 어느 순간 공연을 무대에 올려야 하고, 그러다 보면 관객과 상호작용을 하기를 원하게 됩니다. 어쩌면 이것이 좋은 작품이나 나쁜 작품이라는 표현을 대신할 더 좋은 방식일 수도 있어요. 좋은 작품은 상호 작용의 느낌이 있다는 겁니다. 하지만 모르겠네요. 시인이라면 물론 관객과 함께 있는 건 아니겠지만요.

캠벨 맥그래스: 마감 일자가 없다는 것이 시의 왕국에서 가장 좋은 점입니다. 지원금이 없기 때문에 마감일도 없죠.

그것은 모퉁이를 돌면 있는 무언가, 다섯 여섯 블록 업타운으로 가면,

[웃음]

캠벨 맥그래스: 저는 마감일이 있던 적이 없습니다. "이 프로젝트를 꼭 끝내서 편집자에게 보내 그의 반응을 보고 싶어."와 같이 스스로 정한 마감을 제외하고는 말이죠. 그 점이 정말 좋아요. 물론 한동안 좋지 않을 수도 있습니다. 글쓰기를 통해서는 자금을 마련할 수 없기 때문에 교수와 같은 직업을 가져야 합니다. 그렇지만 저는 "오프닝 저녁에 막이 올라갈 텐데 거기에 뭔가를 올려야 해."와 같은 생각은 한 번도 해본 적이 없습니다. 그건 매우 다른 현실이죠.

애니 도슨: 그리고 이 모든 질문에 대한 반응으로 자신의 리서치 자체가 작품인 미학이 생겨났습니다. 공연보다 시각 예술에서 훨씬 더 자주 일어나는 일이지만, 공연에서도 빈번하게 발생합니다. 하지만 저는 항상 궁금합니다. "이게 진짜 리서치일까? 아니면 일종의 리얼리즘에 대한 환상일까?" 진짜일까요? 아니면 과장된 형태의 리서치일까요?

캠벨 맥그래스: 맞습니다. 흥미롭군요.

애니 도슨: 저도 잘 모르겠습니다. 아마 당신의 분야에서도 비슷한 일이 일어날지도 모르겠네요.

엘로디 게딘: 과학 논문이나 서사에 자신의 방법론을 적용할 때 일어나는 일과 비슷하다고 생각해요. 과학 논문을 작성할 때는 항상 서사가 있고 시작, 중간, 끝이 있습니다. 그러나 사실은 모든 게 뒤죽박죽으로 일어납니다. 실제로 신생 과학자들인 학생들이 글을 쓸 때, 그들은 시간순으로 글을 씁니다. 읽어보면 말이 안 되지만 시간순이긴 해요. 그러면 저는 서사를 만들라고 말합니다. 그러면 실제로 이론 물리학자들은 항상 말합니다. "생물학자들은 항상 서사를 만들고 싶어 하는데, 서사는 필요 없습니다." 하지만 저는 우리가 외향적으로 우리의 과학을 소통하고 싶다면 서사가 필요하다고 생각합니다. 우리가 모두 대부분 잘 해내지 못하는 것입니다. 우리는 과학을 잘 전달하지 못하기 때문에, 백신 논란이 생겨나고

사람들이 과학적 방법을 의심합니다. 그리고 일반적으로 미국 교육에서는 고등학교에서도 학생들이 과학이 의미하는 바에 노출되지 못합니다. 그래서 사람들은 과학을 신뢰하지 않습니다. 사람들은 과학이 믿음이라고 생각합니다. 그러면 저는 "그건 믿음이 아닙니다. 사실이든 사실이 아니든 둘 중 하나입니다."라고 말하는 거죠. 그래서 저는 그것도 문제의 일부라고 생각합니다. 그래서 우리는 정말 잘 소통해야 합니다.

캠벨 맥그래스: 저는 이전에 해변에서 빈둥거리며 조개껍데기를 캐는 것이 저에게는 리서치의 한 형태라고 말했습니다. 하지만 저는 조개껍데기나 해변을 연구하는 과학자가 아니라 시를 쓰는 사람입니다. 하지만 바닷가에서 조개를 줍는 것이 여러분의 영혼이 시련의 장이 되도록 여는 방법이라면, 다시 말해 의제화나 구조화되지 않고, 리서치가 아닌 방식으로—더 적절한 단어는 아마도 "대본이 없는" 방식이겠군요.— 세상과 여러분이 상호작용하는 것이라면, 그것은 "매우" 중요한 형태의 리서치입니다. 여러분 중 누군가 저와 비슷한 생각을 하는지 궁금합니다. 아니면 그냥 제가 해변에 가서 노는 걸 리서치라고 표현하려고 리서치에 대한 교묘한 정의를 고안해냈을지도요.

[웃음]

실라 니런버그: 저는 리서치라고 생각합니다. 새로운 생각을 불러오는 모든 것들이요. 왜냐하면 리서치의 일부는 무언가를 하기 위한 그 첫 번째 영감이기 때문입니다. 어떤 일이 일어나면 생각이 떠오르고, 그리고 시를 쓰는 거죠. 그 과정은 아이디어로 일련의 실험을 하는 것과 같아요. 아주 일치하지는 않지만 구조는 같습니다. 그걸 리서치라고 부르는 데 충분히 정당성이 있다고 생각합니다.

톰 조이스: 그리고 그 무엇도 동일한 형태로 남아 있지 않아요. 산책할 때마다 새로운 것을 발견하는 거죠? 저는 비교 연구가 참 좋습니다. 한 가지 유형의 여러 다른 형태가 있는 거죠.

히데오 마부치: 저도 확실히 리서치라고 생각해요. 연구할 때의 가장 큰 진전은 사고의 방식이나 생각의 오래된 틀을 분해하고 새로운 방법의 가능성을 볼 때입니다. 하지만 그렇게 하기 위해서 눈앞의 우선순위를 버릴 수 있어야 합니다. 어려운 일이죠. 전문가라면 그건 어려운 일입니다. 언제나 할 일 목록이 있지만, 이 목록을 머릿속에서 전부 지워버려야 하죠. 그래야 이런 통찰, 또는 그냥 아이디어나 자신을 새로운 곳으로 이끌어줄 직감을 찾아낼 수 있습니다. 그래서 어떤 방식으로든 이것은 굉장히 중요합니다.

톰 조이스: 맞아요. 숨 돌릴 여유입니다.

안-미 레: 저는 엄밀함이 자신의 매체나 기술을 이해할 때 중요하다고 생각합니다. 이러한 자신감을 통해 유연하게 리스크를 감수하고 게임을 할 수 있습니다. 이것이 제가 시각 예술가로서 무얼 하든 괜찮다고 생각하는 이유입니다. 그리고 여정을 떠나기 전에 그 주제에 대해 최대한 많이 알아보는 것도 중요하다고 생각합니다. 사진이 어떻게 찍혔는지 파악하고 다른 사진이 나올 가능성이 있는지에 대해서 생각합니다. 예를 들면 『내셔널 지오그래픽』을 보면서 예술 사진작가가 항공모함에서 하는 작업과 『내셔널 지오그래픽』에서 볼 수 있는 작업의 차이를 살펴볼 수 있겠죠.

피터 N. 밀러: 테리는 어떻게 생각해요?

테리 플랭크: 엄밀함에 관해서는, 우리는 과학자입니다. 엄밀해야 하죠. 저는 이 개념에 대해서 까다롭다고 볼 수 있겠어요. 러시아인 친구가 있는데, 그 친구는 "테리, 우리 논문은 마치 다리 같아. 다리 아래에 서서 그 다리가 무너지지 않도록 해야 하지."라고 말했어요. 저는 우리가 논문을 쓸 때 항상 이 말을 생각합니다. 모든 세부 사항을 완료하는 데 80%를 더 소요하는 겁니다. 데이터, 해석, 모델처럼 누구나 생각할 수 있는 부분들이요. 그리고 저는 그 다리 아래에 서 있을 겁니다. 이 말은 제가 학생들에게도 강조하는 내용이고, 아마도 학생들에게 해로운 작용을 할지도 모릅니다. 저는 논문을 많이 발표하지는 않지만, 그 논문들이

유효하기를 원해요. 그런 부분에서 공감했습니다. 제가 하는 일에는 상상력이 없죠.

피터 N. 밀러: 그 부분에 대해서는 잠시 후에 다시 이야기하겠습니다.

테리 플랭크: 그건 지속적인 추진력입니다.

마리나 러스토우: 사실 저는 두 분이 어떻게 엄밀함을 정의하는지, 그리고 어떻게 상상력을 정의하는지 물어보려고 했습니다. 하지만 만약 답하길 원하지 않으신다면, 제가 그 질문에 답을 해도 좋아요.

피터 N. 밀러: 아주 좋은 질문이라고 생각합니다.

마리나 러스토우: 제 의견도 말씀드리겠습니다. 그리고 두 분의 의견을 듣고 싶습니다.

테리 플랭크: 네. 제 대답을 미루는 게 아무래도 좋겠군요.

[웃음]

마리나 러스토우: 엄밀함은 역사학자들이 하는 일에도 절대적으로 중요한 요소입니다. 그리고 이것이 제가 언어학자의 꼬리표를 받아들인 이유입니다. 비록 잘 알려지지 않거나, 어렵거나, 혹은 더는 사용되지 않는 언어를 다루는 많은 역사학자가 언어학 전반에 대해 곤란함을 느끼고 있는 건 사실이에요. 언어학은 굉장히 건조한 학문입니다. 그리고 언어학자들은 텍스트를 출판하는 일을 하고 있죠. 하지만 우리는 텍스트를 해석합니다. 역사학자들은요. 제가 이런 언어학을 받아들인 이유는 언어학이 사실 타당한 역사를 쓰는 일의 기본이라고 생각하기 때문입니다. 하지만 동시에 이 모든 엄밀함, 언어학, 기술력의 작업 또한 상상력이 결여 되었다면 무의미한 일입니다.

저는 손으로 직접 무언가를 만들며 많은 지적 영감을

얻습니다. 저는 중세 카이로의 물질 문화에 대해 강의를 하고 있습니다. 종이 제작자를 강의에 초대해서 제 학생들과 함께 중세 식의 종이를 만들어봅니다. 저는 가능한 그 상황에 저 자신을 던지고 나서야 비로소 올바른 질문을 하게 됩니다. 상상력을 갖기 위해서는 직접 해봐야 한다는 점에서 상상력은 저에게 매우 실질적입니다. 하지만 동시에 엄밀함과 상상력은 분리되어 있지 않다고 말하고 싶습니다. 자신이 모르는 것을 이해하려고 노력하는 그 엄밀한 과정에서 바로 상상력이 작용하기 시작하기 때문이죠. 요가를 할 때, 위로 올라가려면 아래로 내려가야 한다고 말하죠. 마치 높이 뛰기 위해서는 밑으로 구부려야 하는 것처럼 말이죠. 그런 느낌이에요.

피터 N. 밀러: 이제 저는 마리나의 질문을 테리에게 묻고 싶습니다. 방금 너무 겸손하게 아니라고 말했잖아요. 그러면 실험 설계와 같은 예를 들어볼까요? 거기에서 상상력의 역할은 무엇입니까?

테리 플랭크: 잘 모르겠습니다. 실험 설계에서는 많이 적용되지 않는 것 같아요. 무언가를 시도해 보지만 성공하지 못하고, 다른 것을 시도했지만 또 성공하지 않고, 세 번째 시도도 실패할 때가 있죠. 저에게는 끈기와 인내가 아주 많은 작용을 합니다. 뭔가 기발한 것을 상상할 때도 있지만 그런 건 보통 성공하지 않죠. 그러면 또 계속 시도해야 합니다. 그래서 저는 우리가 하는 많은 일들이 끈기라고 느낍니다. 그래서 방금 말했던 상상력이라는 요소가 어디서 작용하는지 생각해보고 있는데요. 저에게 상상은 저를 이끌어주는 환상 같은 겁니다. 우리가 하는 일 중 많은 부분은 직접 볼 수 있는 대상이 아니기 때문에 상상하고 싶은 것입니다. 예를 들어, “화산 아래에서 무슨 일이 일어나고 있는가? 도대체 섭입대란 무엇인가?” 같은 거죠. 저는 지구 안으로 들어가 판이 무엇을 하고 있는지 직접 보고 싶다는 꿈이 있습니다.

저희 분야에는 화산 아래에 있는 거대한 마그마 통이 있고, 얇은 시트 또는 곤죽으로 이루어진 기둥 같은 것을 그린 우스꽝스러운 상상화가 많이 있습니다. 화산 아래를 그린 삽화를 『네이처』(Nature)지에 출판할 수도 있어요. 어쨌든 상상력에는 우리를 움직이는 부분도 있고,

지구 아래에서 일어나고 있는 일을 상상하고 믿어야만 하는 부분이 있다고 생각합니다.

피터 N. 밀러: 한 가지만 더해서 마리나가 말한 엄밀함과 상상력의 충돌에 대해 추론을 해보겠습니다. 그 충돌이 일어나는 곳은 질문이 생겨나는 곳이기도 하다고요. 테리, 당신의 질문은 어디에서 발생하나요?

테리 플랭크: 무척 시시한 답을 드려야겠네요. 죄송해요. 다시 말씀드리지만, 우리는 정말 신생 분야입니다. 복잡할 게 없어요. "왜 이 폭발이 10년 전의 폭발보다 더 폭발적인가?" 같은 거죠. 우리는 가장 근본적인 질문을 해야 합니다. 예를 들어, "마그마는 어디에서 오는가? 마그마를 만드는 과정의 속도는 얼마나 될까?"와 같이요. 우리가 여전히 답을 모르는 근본적인 질문들입니다.

안-미 레: 하지만 직관의 역할은요? 왜냐하면 지금 얼마나 모르는 것이 많은지에 대해 말씀을 하셨어요. 그래서 기본적인 질문들을 하는 거죠. 하지만 그 거대한 어둠의 영역 내에서 어떻게 방향을 찾을지 아는 것부터가….

마리나 러스토우: 가설은요? 가설은 상상력의 산물인가요? 소파에 누워 보시겠어요? 우리가 당신을 분석해 드릴게요.

[웃음]

테리 플랭크: 어떤 사람들에게는 그럴지도 모르죠. 제게 있어서는 가장 기본적인 질문입니다. 여러 사소한 질문에 많은 시간을 할애할 수도 있습니다. 그래서 솔직히 말하면 가설은 큰 질문에 대한 연구입니다. "왜 화산이 미친 듯이 폭발하는 걸까요? 무엇이 화산의 폭발적 행동을 제어하는 걸까요?" 학자 대부분이 정면으로 다루지 않는 질문들입니다. 대신 "왜 오늘은 용암이 묽지?" 같은 질문을 하는 거죠. 하지만 연구는 우리가 관심 있는 질문에 잘 집중되지 않고, 저는 그 질문이 바로 제 가설이 있는 곳이라고 생각합니다.

마리나 러스토우: 비슷한 맥락으로 이야기해 볼게요. 저에게도 대답하기 가장 어려운 질문들은 사람들이 어디에서 음식을 하는지와 같이 간단한 질문들이었습니다. 확실한 답이 있을 것으로 생각하실 거예요. 왜냐하면 제가 연구하는 문화권에서는 하루에 두 번 음식을 하기 때문입니다. 아주 만연한 질문이지만, 이 질문에 말이 되는 가설을 세우기까지도 정말 오랜 시간이 걸렸습니다. 반면에 말이죠.

테리 플랭크: 그러니까 마리나가 이 질문을 하는 유일한 사람입니다.

마리나 러스토우: 아마 세 명 중 한 명일 거예요.

테리 플랭크: 알겠습니다.

마리나 러스토우: 네. 기본적인 질문들은 대답하기가 정말 어려워요.

피터 N. 밀러: 안-미, 다시 엄밀함에 관해 이야기해 볼까요?

안-미 레: 시각 예술가에게 엄밀한은 매체와 물질성에 대한 이해라고 생각합니다. 올바른 도구를 사용하고 있는가? 이 작업을 하려면 작은 카메라를 사용해야 할까? 그레인 프린트를 해야 할까? 인공조명을 사용해야 할까? 어떤 툴을 써야 할까? 그래서 이 모든 것을 인지하고 힘든 일을 두려워하지 않는 것이 중요하다고 생각합니다. 더 큰 카메라가 필요할지와 같은 문제에서요. 무언가를 끝까지 추구하는 것에는 일종의 엄밀함이 있다고 생각합니다. 사진은 정말 쉬워요. 누구나 사진을 찍을 수 있죠. 그리고 주변의 풍경 사진을 찍을 수도 있지만, 그 작업이 의미가 있을까요? 그럴 수도 있지만, 아닐 수도 있고요. 어쩌면 여행을 떠나야 하거나, 액세스를 요청해야 하거나, 그렇지 않을 수도 있죠. 이것들은 모두 고려해야 할 질문들이고 자신을 몰아붙여야 할 질문들입니다. 사진작가로서 게을러지기는 아주 쉬운 것 같아요.

마리나 러스토우: 자신을 그 상황에 파견시키는 것도 엄밀함의 한 형태 아닌가요?

안-미에게 북극선에서 3주 반을 보내는 건 일종의 엄밀함이죠?

안-미 레: 마조히즘이기도 하죠.

마리나 러스토우: 엄밀함과 같은 건가요?

안-미 레: 사실 마음 깊은 곳에서 사진가로서 관광 사진가가 되어서는 안 된다는 생각을 계속 되뇌고 있습니다. 인도에 여행을 가서 그 나라의 색감에 굉장히 감명받고 나서 사물의 표면을 포착하는 데에 그치는 거죠. 그것을 극복하려면 그 장소와 일종의 개인적 관련을 맺거나 실제로 그곳에서 많은 시간을 보낸 다음 푹 빠져야 합니다. 하지만 항상 그런 건 아니죠. 저는 이 일을 너무나 많이 해왔기 때문에, 이제 가끔 어떤 장소에 들어가서 두 시간 정도가 지나면 좋은 사진을 건질 수 있습니다. 그러고 나면 사기꾼 같은 느낌이 들죠. 하지만 아마도 제가 이전에 많은 일을 했기 때문일 수도 있습니다.

피터 N. 밀러: 두 시간 안에 작업을 해낼 수 있게 하는 지금의 요소는 뭐라고 생각하나요?

안-미 레: 기회를 감지하는 것이라고 생각해요. 그리고 무언가 자신이 상상했던 것처럼 나타나지 않을 때 동요해버리지 않는 것이죠. 왜냐하면 스스로 예상하지 못했던 것들이 가장 놀라운 것 중 하나이기 때문입니다. 그럴 때는 다른 것을 찾습니다. 실망하지 않고 예전에도 이렇게 했다고 말하는 거죠. 그러면 금방 다른 걸 찾아낼 수 있습니다. 또 질문에 대한 것이기도 합니다. 질문하는 걸 두려워하곤 했어요. 사람들을 방해하고 싶지 않아서 "그거 다시 해줄 수 있어?" 또는 "여기 서 있어 줄래?"라고 묻는 것이 두려웠습니다. 이 모든 것을 하는 겁니다.

피터 N. 밀러: 테리, 새로운 화산에 갈 때마다 찾는 정보가 있나요?

테리 플랭크: 물론이죠. 과학자로서 우리는 교육을 받고 보는 눈을 키워야 합니다.

지질학에서 이것이 어떤 종류의 암석인지 알아보는 눈을 갖는 것은 특히 까다롭습니다. 학생들은 대체로 처음 돌을 받으면 당황합니다. "맙소사, 그냥 돌이에요."라고 말하더군요. 그럼 저는, "심호흡하세요. 거품이 있나요? 수정이 들어있나요?" 하고 물어봅니다. 그래서 확실히 보는 눈을 발달시키는 요소가 있습니다. 저는 화산을 연구하고 있지만 사실 화산학자는 아닙니다. 진짜 화산학자들은 퇴적물을 측량하는 사람들이죠. 그들은 분화 후에 혹은 분화 중에 가서 화산이 어떤 작용을 했는지 알아봅니다. 용암의 흐름이나 공기의 강하 같은 것 말입니다. 저도 이것을 대학원에서 제대로 배운 적이 없어서 배우려고 노력 중이에요. 저는 용암의 화학과 기체의 화학을 배웠습니다. 이 분야의 전문가와 함께 현장에 나가 에트나(Etna)산에서 일하는 것은 굉장히 신나는 일입니다. 에트나산은 굉장한 실험실 화산이에요. 리서치가 잘 되어 왔죠. 우리는 2015년 폭발로 생성된 퇴적물을 식별해 내려고 했습니다. 지금까지 본 것 중 가장 포토 제닉한 연기 기둥이었습니다. 이 거대한 화산재 기둥은 고요한 공기 중에 떠올랐고, 카타니아(Catania) 상공에 버섯구름을 퍼뜨렸습니다. 그리고 몇 인치 두께의 퇴적물을 남겼죠. 그때가 2015년입니다.

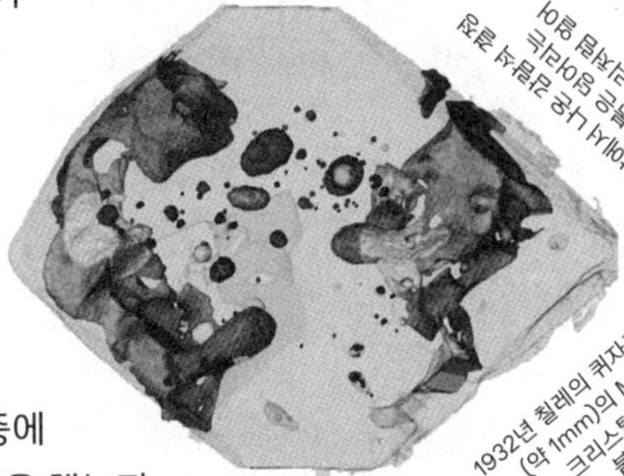

1932년 칠레의 퀴자푸(Quizapu) 화산 폭발에서 나온 감람석 결정 (약 1mm)의 Micro-CT scan (X선 단층촬영). 붉은 덩어리는 크리스탈이 자라면서 내부에 갇혀 있던 마그마가 유리처럼 굳어 붙은 조각. 테리 플랭크 제공

그 이후로 몇 번의 폭발이 있었습니다. 그래서 만약 정확히 퇴적물을 식별할 필요가 있다면, 폭발 후 바람이 어느 방향으로 불고, 어떤 퇴적물이 다른 것의 위로 쌓였는지 알고 있는 그 분야의 전문가를 동행해야 했습니다. 우리는 말 그대로 구덩이를 파고, 눈을 감고, 퇴적물 층 사이의 틈을 살폈습니다. 우리가 하는 일은 분명히 많은 훈련이 필요해요. 그리고 이 새로운 수단들을 커리어 후반에 배우게 되는 건 아주 즐겁습니다.

누군가는 먼지를 쓸고, 목을 가다듬고, 수레바퀴를 끌고,

피터 N. 밀러: 마리나, 문제를 처음 직면했을 때 해결 방식을 찾을 수 있는 2분짜리 속성 훈련도 있을까요?

마리나 러스토우: 있습니다. 그리고 실제로 저는 그 훈련을 가르치는데 많은 시간을 쏟기도 해요. 현재 프린스턴 대학교에 다니는 주니어 두 명의 논문 지도를 하고 있습니다. 미니 졸업 논문 같은 거예요. 한 명은 제가 작업하고 있는 문서 캐시 중 라디노(Ladino)로 적힌 문서에 관해 쓰고 싶어 합니다. 그런 문서들은 보통 늦은 시기인 1391년 이후 이베리아반도에서 망명한 많은 유대인의 첫 물결 이후 작성된 것입니다. 1391년부터 카이로에는 스페인어를 사용하는 공동체가 있었고 이 공동체는 점점 성장했죠.

이 공동체는 16세기와 17세기 당시 꽤 유명하고 규모가 컸지만, 실제로 이 문서 캐시 중 라디노 문서 또는 유대-스페인어 문서에 대한 작업을 한 학자는 거의 없었습니다. 그전에 작성된 문서에 연구가 집중되는 동안 이 문서는 완전히 무시되었죠. 스페인어를 할 줄 알고 히브리 문자를 읽을 줄 아는 학생이 있습니다. 지난주에 그 학생은 해독에 실패하여 당황한 채로 제게 어떻게 해야 할지 조언을 구하는 이메일을 보냈어요. "심호흡을 하세요. 그리고 같이 앉아서 함께 읽어봐요."라고 했어요. 알고 보니 그것은 히브리어 필체의 한 종류였고, 저도 전혀 읽어본 경험이 없는 것이었습니다. 이 문제를 어떻게 잘 해결할 수 있을지에 세심한 주의를 기울였습니다. 사실 이럴 때 할 수 있는 몇 가지 중요한 일들이 있죠.

첫째, 문서의 첫 단어는 항상 절대적으로 중요합니다. 학생이 보고 있던 것 중에서 세 개 중 두 개가 "세뇨르"(Señor)와 "세뇨라"(Señora)로 시작하던 것이었습니다. 그것을 통해 우린 그 문서가 편지라는 걸 알 수 있었죠. 신나는 일이었습니다. 다음 내용이 무엇일지 예상할 수 있으니까요. 해독 과정의 대부분은 탐정 작업처럼 실마리를 바탕으로 예상하는 바를 만들어 내거나, 내용이 풀리지 않을 때는 그 예상을 완전히 뒤집어엎어야 할 때도 있죠. 하지만 상당히 전문성이 필요하고, 조금 성가신 일이라고 할 수도 있습니다.

아마 제 말에 공감하실 미술사학자분들이 여기 계실지도 모르겠네요. 렘브란트를 많이 봐야 합니다. 사실이죠. 그냥 많이 보다 보면, 무의식적으로 많은 걸 인지하게 됩니다. 그다음 문제는 이것을 어떻게 학생들에게 가르칠 수 있을지에 관한 겁니다. 어떻게 하면 이 내용을 과학적으로 만들 수 있을까요? 어떻게 학생들에게 그것을 전달하고, 그들이 많은 렘브란트 그림을 보는 훈련을 하도록 촉진할 수 있을까요?

피터 N. 밀러: 지금까지는 리서치와 엄밀함에 대한 이야기였죠. 다른 측면을 살펴볼까요? 호기심, 상상력, 놀이 같은 단어와 "리서치"는 어떤 관계가 있을까요?

히데오 마부치: 과학 리서치에서는 이게 사실이었으면 좋겠다고 생각하며 시작합니다. 상상력과 창의성은 여기서 주요한 역할을 하죠. 사실일 수 있고, 사실이기를 바라는 흥미로운 생각을 합니다. 하지만 엄밀함의 문제가 여기서 등장합니다. 합리적인 과학적 기준에 맞게 무언가를 증명해내는 것은 또 다른 일이거든요. 문헌을 거짓으로 채우지 않도록 하기 위해 엄밀함이라는 기준이 있는 겁니다. 그러고 나서 엄밀한 실험이나 수학적 절차로 그 추측을 증명하려고 하죠. 보통 증명에 성공해내면 스스로 알아낼 수 있습니다. 본인의 추측이 맞았으며, 그걸 바탕으로 다음 일을 진행할 수 있다는 걸 알죠. 하지만 더 흥미로운 과정은 처음 추측이 틀렸다는 걸 증명했을 때입니다. 그럴 때면 되돌아가 생각해봐야 하죠. "내 직관이 왜 어긋났을까? 어떻게 하면 내가 알고 있다고 생각했던 것들을 재조정하여 다음에는 더 나은 추측을 할 수 있을까?" 이 상호 작용은 상상력이 필요하면서도 동시에 엄밀한 부분이 있습니다. 저는 적어도 과학 분야에서는 사람들이 이런 과정을 따르는 것 같습니다.

톰 조이스: 사실 과학계에 있는 분들에게 하고 싶은 질문이 있어요. 위대한 금속학자이자 금속 역사가인 시릴 스탠리 스미스(Cyril Stanley Smith)는 과학을 움직이는 많은 것들이 오래전에 이미 발전된 것이라고 말했어요. 보통 작업장에서 일할 때 호기심 같은 것은 과학적 방법론이 없던 곳에서 발전되었다는 것입니다. 과학이라는 학문은 그 분야

종사자가 아니었던 사람들의 호기심이 일구어 놓은 것을 바탕으로 발전해 나간다는 말입니다. 저는 연구 주제를 결정할 때 얼마나 여러분들이 스스로 결정하는지, 아니면 다른 사람들이 당신의 호기심을 자극하여 결정하는지 묻고 싶습니다.

실라 니런버그: 제 경험을 비추어보면 저는 생물학 전공자가 아니었고 다른 분야에서 시작한 사람이기 때문에 그 분야의 모든 사람이 알고 있는 내용이나 어떻게 일을 해야 하느냐에 대한 제약으로부터 조금 더 자유로웠던 것 같습니다. 그냥 제 방식대로 했을 뿐이고, 별로 걱정하지 않았어요. 물론 이따금 창피한 상황도 있었지만, 대부분은 그럴 만한 가치가 있었죠. 남들이 생각하기 어려운 연결고리를 생각해낼 수도 있었고요. 그게 도움이 된 것 같아요. 하지만 또 결국엔 같은 말인 것 같네요. 저는 외부인이었잖아요. 그래서 다른 사람들이 하는 말을 들어야 했고요. 그냥 잘난 체하는 게 아니라 진짜 대화를 해야 했습니다. 물론 우리도 지금 잘난 체하고 있는 거기는 하지만요. [웃음] 왜냐하면 정말 훌륭한 과학자들은 항상 좋은 청취자이기도 해요. 대화는 양방향으로 이루어져야 합니다. 무엇이 어떻게 이어질지 모르는 일이니까요.

또 다른 이야기를 하고 싶은데요. 조금 전 주제로 돌아가서, 자신의 가설에 집착하게 된다는 부분입니다. 자기 생각이 맞길 바라는 건 사실 인간의 본성일 뿐입니다. 제 생각이 자랑스럽죠. 저는 항상 두 가지 다른 아이디어에 투자를 해요. 두 개의 다른 회사에 투자하는 것처럼이요. 그렇게 제 안정성을 보장합니다. 보통의 과학자들처럼 하나의 연구비 지원서에 의존하지 않습니다. 그래서 지원서를 두 개를 준비해요. 또는 지원서 하나에 서로 다른 생각들을 제안하는 거죠. 그러면 스스로 어떤 답을 강요하는 덫에 걸리지 않을 수 있습니다. 자신을 제한하게 되면 형편없는 과학자가 되는 겁니다.

히데오 마부치: 저는 요즘 현대 과학과 전통 공예 사이의 연결과 단절에 대해 많은 생각을 합니다. 점토와 소성에 대해 잘 아는 도예가 커뮤니티와 교류하다 보면, 도예가들은 많은 걸 알지만 그들의 지식은 결국 원하는 작품이 나오게 하기 위한 방법에 대한 지식이라는 것을 알게 됩니다. 그들은

재료와 소성 과정을 극단적이고 직관적으로 이해하고 있습니다. 하지만 “왜 이런 색이 나올까?” 또는 “굴뚝을 쓰면 가마 안에서는 무슨 일이 일어날까?”와 같이 원인에 대해 이야기하면, 그들의 설명은 말이 안 되는 경우가 많습니다. 도예가들에게 원인은 별로 중요하지 않을지도 모르죠. 하지만 자기 흙과 가마가 아닌, 다른 나라에서 다른 사람의 흙과 가마를 사용해서 일하려고 할 때 문제가 생깁니다.

큰 차이점은 현대 과학은 사물의 추상화와 이론적 이해에 기반을 두고 있다는 것입니다. 이러한 사고방식에 장점이 있기도 하지만 사실 제한적입니다. 도자기의 물리학을 연구할 때는 전통 공예에서 일하는 여러 세대의 사람들과 그들이 발견한 흥미로운 현상에 의존합니다. 이런 흥미로운 현상을 발견했기 때문에 물리학자로서도 할 일이 생깁니다. 하지만 지난 몇 년간 가장 인상 깊었던 것은 학생들을 위한 도자기 입문 수업을 시작한 것입니나. 도지기 수업을 하는 건 교단에 서서 물리학에 관해 이야기하는 것과 아주 다른 점이 있어요. 그 자체가 너무 다른 경험인데, 학생들에게 물레 중앙에서 점토를 빚는 법을 가르칠 때, 스탠퍼드 학생들에게서 항상 나오는 첫 번째 질문은 “제가 맞게 하고 있나요?” “다음 단계는 어떻게 됩니까?”라는 거죠. 정말 흥미로워요. 그러고 보면, 우리가 물리 과학이나 수학을 가르치는 방법은 이렇습니다. “여기 여러분이 알아야 할 것들이 있습니다. 여기 여러분이 풀어야 할 문제들이 있습니다. 이걸 풀면 A를 받을 수 있습니다.” 반면 더 물질성에 기반을 둔 교육을 할 때는 학생들에게 이렇게 말하곤 해요. “여러분을 더 훌륭한 도예가로 만들어 주도록 제가 가르칠 수 있는 건 아무것도 없어요. 여러분은 단지 이 물질과 이 도구와 여러분 사이에 동적 관계를 발전시킬 시간을 들여야 합니다. 시간을 들이면 찾을 수 있을 거예요.” 그리고 저는 이러한 방식에 진귀한 가치가 있다고 생각합니다. 우리가 과학을 가르치는 방식에선 소실된 것이죠. 물질에 대한 친숙함에서 나오는 이러한 지식은 과학에서 정말 중요합니다. 하지만 이걸 잘 가르치지 않죠.

<u>피터 N. 밀러</u>: 그것이 리서치라고 생각하나요?

<u>히데오 마부치</u>: 네. 점토를 빚는 과정에 익숙해지기까지 들여야 하는 수많은 시간,

그건 리서치입니다. 자신을 위한 것이죠. 남들에게 공유하기도 어렵고요. 어쨌든, 같다고 생각합니다.

하지만 저는 리서치와 그 단어에 관한 질문으로 돌아가고 싶네요. 만약 이 단어가 너무 많은 의미를 포함하도록 확장해버리면, 그 단어를 사용하는 데에 더 이상 어떤 의미가 있을까요? "예술이란 무엇인가?"라는 질문에 대해 읽었던 적이 있어요. 만약 "모든 것은 예술이다"라고 말한다면, 그 카테고리가 무슨 의미가 있을까요? "예술이란 무엇인가?"라는 질문이 옳은 접근법이 아닐 수도 있다는 말에 매우 공감했습니다. 올바른 질문은 "예술은 언제인가?"입니다. 리서치에도 비슷한 적용을 할 수 있는 것 같아요. 웹서핑을 할 때, 물론 그냥 시간을 보낼 때도 있습니다. 하지만 리서치라고 생각되는 일을 할 때도 있죠. 방법론적으로 리서치와 구별되지 않는 일을 하며 웹서핑을 할 때도 있다는 말입니다.

피터 N. 밀러: 톰, 조금 전에 할 말이 있었나요?

톰 조이스: "물레성형법"이라는 도예 기법에 대해 생각 중이었어요. 이것은 사실 기억과 인지 능력을 단련해 무언가를 계속해서 복제해 낼 수 있는 어떤 구현 과정과 더 비슷합니다. 이 기법은 큰 점토 덩어리를 물레에 올려놓고 점토 꼭대기 부분으로만 작은 컵을 빚는 기법입니다. 보통 한 번 빚을 때마다 그릇이나 컵 하나 정도만을 떼어 두기 때문에, 다른 그릇이나 컵을 빚을 수 있을 만큼 충분한 양의 점토가 남습니다. 어떨 때는 컵 스무 개를 빚을 수도 있어요. 한 번에 하나씩 빚을 때보다 더 균일하게 제작할 수 있는 좋은 방법이에요. 완벽한 기술 습득을 가르쳐 주죠. 그래서 리서치를 수행하는 사람으로서 가장 중요한 것은 반복의 기억을 통해 이 기술을 체화하는 것입니다.

펍을 전전하고, 돌아가며 사귀고, 뾰족구두를 닦고, 담쟁이를 다듬고,
탭 댄스하고, 보도에 발길질하고, 시궁쥐를 잡고, 이야기하고,
길을 잃고, 마약에 취하고, 체포당하고, 사람과 헤어지고,
무너져 내리고, 도망을 치고, 믿음을 잃고,

IV.

피터 N. 밀러: 상상력과 호기심 이야기를 하다 보니 "놀이"를 놓치고 말았네요. "놀이"에 집중해 이야기해 볼까요?

테리 플랭크: 놀이 말인가요? 저는 학생들에게 데이터를 완전히 자신의 것으로 만들라고 가르칩니다. 학생들 각자 화산암에 대한 데이터를 수집하거든요. 그리고 그 화학 반응을 살피는 거죠. 그래서 학생들이 자신이 수집한 데이터를 완전히 자신의 것으로 만들었으면 좋겠어요. 데이터 포인트와 암석들, 특이한 아웃라이어 데이터나 기준치 데이터를 포함한 모든 것을 전부 알고 있는 상태에서 데이터의 체계를 분석하기를 바랍니다. 학생들은 데이터를 통계에 일괄적으로 처리하고 싶어 하는 경우가 너무 많습니다. 그러나 저는 자신이 수집한 데이터와 친밀해져야 한다고 말합니다. 데이터는 모으기 아주 힘들어요. 샘플을 가져와서 분쇄한 다음 연구소에 가서 분석해야 합니다. 데이터 포인트 하나하나 쉽게 얻을 수 없습니다. 그래서 학생들뿐 아니라 저 자신이 데이터를 완전히 자신의 것으로 만들고, 그 속에서 체계나 문제점의 아름다움을 볼 수 있으면 좋겠습니다.

피터 N. 밀러: 안-미, 당신은 학생들에게 어떤 놀이 방법을 가르치나요?

안-미 레: 저는 보통 학생들이 너무 막막해하거나 너무 경직되어 있다고 느낄 때, 아니면 너무 진지해졌거나 너무 오랫동안 프로젝트에 몰두해서 휴식이 필요하다고 느낄 때 놀이를 해보라고 말합니다. 비디오카메라를 사용해 사진 촬영 모드에서 동영상 모드로 바꾸라고 하죠. 소형 카메라를 사용하는 학생에게는 8×10나 4×5 뷰카메라처럼 더 무거운 카메라를 들거나 그냥 아이폰을 들라고도 합니다. 긴장을 풀고 새로운 걸 시도하는 거죠. 학생들을 갇혀 있는 곳이 어디든 그곳에서 빼내려고 노력합니다.

마리나 러스토우: 저도 방금 제 답을 찾았어요. 역사 소설을 쓰는 게 제가 학생들을 놀게 하는 방법입니다. 그러니까 학생들이 역사 소설을 쓰도록 하는 거죠.

파산하고, 환경을 보호하고, 기분이 울적하고, 심하게 분노하고,

몇 년 전, 프린스턴의 동료인 이브 크러카우스키(Eve Krakowski)와 함께 박사 과정 학생들을 위한 일반 시험 문제를 출제해야 했습니다. 그때 왜 그랬는지는 모르지만, 지루하기도 했고 어리석기도 했어요. 그래서 상황 설정을 했죠. “네 이름은 ‘X’이고 너는 11세기 카이로에 사는 유대인인 거야. 너의 사업 파트너는 예멘 거래에 네가 투자한 자본을 전부 가지고 방금 도망쳤어. 부인도 막 너를 떠났지. 그리고 네 아들은 너의 집을 쑥대밭으로 만들어 놓은 거야.” 사실 이 설정들은 전부 우리가 읽었던 편지들에서 나온 실제 시나리오였습니다. 이런 설정을 한 다음 학생들에게 어떻게 해야 할지 질문했습니다. 학생들이 이 질문에 답하는 걸 보는 것은 아주 신나는 일이었습니다. 저희가 고통을 준 학생 두 명의 답변을 받았는데, 모두 훌륭했습니다. 학생들은 답변에 이 학문의 기존 문헌에 대한 농담을 슬쩍 끼워 넣기까지 했죠. 아주 멋졌어요. 그때 우리는 학생들이 박사 논문을 쓸 준비가 되어 있다는 것을 깨달았습니다. 교사로서 우리에게도 돌파구였다고 말하고 싶습니다.

<u>테리 플랭크</u>: 다음번에 학생들은 그 일에 대한 컨트리 송을 쓸 수도 있겠네요.

<u>피터 N. 밀러</u>: 실라, 만약 과학 방법론의 희화적 묘사가 카로가 말한 “모든 페이지를 넘겨라.”라면, “놀이”의 요소는 어디에 있을까요?

<u>실라 니런버그</u>: 질문과 약간 다른 각도에서 대답하고 싶습니다. 제가 항상 과학자였던 건 아닙니다. 저는 대학교에서 영문학을 전공했고 작가가 되고 싶었어요. 그래서 연구할 때 저는 늘 큰 그림에서 시작해 점차 좁혀나가며 한 분야를 팝니다. 분야를 정한 다음 그 분야를 연구할 이유를 찾는 과학자들과는 매우 다릅니다. 방금 한 말은 양해 부탁드립니다. 이런 식의 발언은 기만하네요. 하지만 여러분 모두 그런 세미나에 참석한 적이 있으실 거예요. 조금 전에 말했던 것과 관련지어 생각했을 때, 창의적 과정의 일부는 문제를 해결할 때 일어납니다. 수학 문제를 풀듯 저는 일단 기하학적인 접근 방식으로 문제를 해결합니다. 그렇게 보면 어떤 관계를 파악할 수 있죠. 그러고 나서 답이 정말 맞았는지 알아보기 위해 다시 대수적으로 접근합니다. 많은 수학자는 자신이 증명을 통해 문제를

풀었다고 주장합니다. 그렇게 답을 찾았다고요. 하지만 그런 일은 절대 일어나지 않아요. 아무도 실제로 그런 식으로 문제를 푼 적이 없다는 데에 저는 많은 돈을 걸 수도 있습니다. 사물들 사이의 관계를 파악하고 그걸 공식화하는 과정에는 어떤 예술성이 있습니다. 그리고 바로 이때 "페이지를 넘기는" 과정이 등장하죠. 자신이 파악한 관계가 착각이 아닌 진정한 관계라는 것을 확인하기 위해서입니다. 그리고 이때 학문이 제 역할을 하게 되죠. 자신이 맞았는지 대수적으로 계산해 보는 과정을 말합니다.

톰 조이스: 그리고 가끔은 지름길이 있기도 합니다. 빙 돌아가는 게 아니라 한 번에 최단 거리로 달려가는 거죠. 자러 가던 중 갑작스럽게 찾아온 깨달음을 바탕으로 증명을 하는 겁니다.

실라 니런버그: 맞아요.

톰 조이스: 이런 깨달음의 순간은 긴장을 푸는 순간이기도 합니다. 사고 과정이 느슨해져 주변에 텅 빈 곳이 생길 정도로 긴장을 풀면 문제가 풀리는 거죠. 저도 최근에 제임스 힐먼(James Hillman)의 책에 푹 빠졌어요. 화학 심리학에 대한 그의 에세이를 모은 책인데, 창의적 과정은 요리 과정과 비슷하다는 점을 언급합니다. 연금술사가 만들듯 증류하고, 부패시키고, 절임을 만드는 실험실 과정과 같죠. 이렇게 하나하나 증발시키듯 일하다 보면 그 알맹이, 그 덩어리를 발견할 수 있어요. 흔히 생각하는 깔때기처럼 생긴 증류기 끝에 확실한 증거를 발견하는 거죠. 여러분 모두가 연구실에서 일하거나 틀에서 벗어난 생각을 할 때 결국은 거쳐야 하는 일이라고 생각해요. 예상치 못한 방식으로 찾아오지만, 앞서 말한 것처럼 정말 그 핵심으로 뚫고 들어가는 과정이기도 하죠.

캠벨 맥그래스: 저는 월트 휘트먼이 말했던 "빈둥거리고 영혼을 초대한다."는 것으로 돌아갈게요. 학자들은 때때로 정말 빈둥거리기도 하므로 "빈둥거린다"라는 단어가 가끔 학자들을 곤경에 처하게 할 수도 있어요. 하지만 "빈둥거리고 영혼을 초대하는 것"은 다릅니다. 영혼을 초대하는

것은 정말 엄밀하고, 힘들고, 사실 무섭기도 한 과정입니다. 쉽게 공식화할 수 없거나 생각하기도 어려운 것을 연구하는 겁니다. 그리스인은 그걸 정확히 짚어내 저장하기 위해 많은 시간을 소요했습니다. "어디에 있어요? 거기 있는 건 알겠는데, 어디 있다는 거죠?" 이런 느낌이죠. 비트겐슈타인은 "그것에 대해 말할 수 없지만, 그것이 존재하지 않는다는 건 아닙니다."라고 말했습니다. 우리 모두 영혼이 있다는 것을 알고 있으니까요. 당신을 "당신"으로 만드는 무언가가 있고, 우리가 죽으면 일어나는 일들이 있어요. 우리는 단순한 생물학적 메커니즘이 아니며, 우리의 정신이 얼마나 매력적인지와는 별개로 정신만으로 이루어져 있는 것도 아닙니다. 이 "영혼"이라고 불리는 이상하고—마법 같다고 하고 싶지는 않네요.—신비로운 현실이 따로 있습니다. 하지만 이 용어에는 실질적 의미가 없기 때문에 많은 의미가 존재합니다. "빈둥거리고 영혼을 초대한다."는 시인들과 철학자들이 각자의 방식으로 연구하는 주제를 비유한 전통적인 수사법입니다.

하지만 이것도 "놀이적"일 수 있습니다. 그건 놀이와 호기심에 관한 것입니다. 정말로 영혼으로 들어간다면 영혼의 어두운 밤이 올 수도 있고요. 시인 리영리(Li-Young Lee)는 "어떤 물질을 얻기 위해서는 화산의 핵심으로 가야 한다."고 말합니다. 저도 동의합니다. 그리고 화산의 핵심은 위험한 장소이기 때문에 아스베스토스 슈트(석면 슈트)를 입거나 화산에서 아주 빨리 탈출해야 합니다. 하지만 시를 쓰는 과정에서 화산의 핵심에 아주 오랫동안 들어가 있어야 한다면요? 위험성이 있는 거예요. 물론 너무 극적으로 과장하고 싶진 않지만, "빈둥거리고 영혼을 초대하는 것"은 놀이적이고, 비현실적이고, 에피소드적이며, 호기심이 세상을 직관적으로 떠도는 방식에 관한 것입니다. 하지만 우리를 깊은 어둠 속으로 데려가는 영혼의 칠흑 같은 밤이 갖는 엄밀함이 있기도 합니다.

다시 돌아가서, 이런 용어는 서로 겹치는 지점이 있어요. 다른 시를 쓰려면 다른 리서치를 해야 하거든요. 가끔은 정말 엄밀하고, 지적이고, 기록적인 연구에서부터, "이 조개껍데기 아주 좋은데? 이게 뭐지? 조개껍데기 백과사전에서 찾아보자."에서 시작해 언어와 그 길을 따라가 보는 거죠. 빈둥거리는 데에도 일종의 엄밀함이 있습니다. 만약 실제로 "영혼을 초대"하기 위한 빈둥거림이라면 말이죠. 이런 것도 하나의 방법론입니다.

<u>엘로디</u> <u>게딘</u>: 우리가 하는 일의 대부분은 무언가를 시도하는 것입니다. 그런 의미에서 한 종류의 방법론을 따르고 있는 거죠.—과학적 방법론을요. 우리의 작업에는 대조군도 있고, 통계적 의의도 있습니다. 하지만 우리가 하는 것의 많은 부분은 "이걸 이 세포에 넣어보고 무슨 일이 일어나는지 보자."입니다.—마치 화학 실험 세트처럼요. 사실 이렇게 시도해 보는 게 가장 재미있습니다. 예상치 못했던 걸 보게 되고, 그걸 따라가 보는 거죠. 그러고 나서, "진짜 실험을 해보자."가 되는 겁니다. 이런 의미에서 예비 실험으로 시도를 많이 합니다. 재미로 이것저것 해보기도 하고, 실제로 재미있으면 모두가 신이 납니다. "제가 이걸 해봤더니 이런 걸 발견했어요." 과학에도 이런 요소가 있습니다.

<u>피터</u> <u>N.</u> <u>밀러</u>: 그것도 놀이라고 할 수 있을까요?

<u>엘로디</u> <u>게딘</u>: 네! 일종의 놀이입니다. 정말 상상력이 풍부한 학생이 있는데, 종종 무언가를 해보고 싶다고 말합니다. 아니면 뭔가를 하고는 그냥 "재미"로 해봤다고 하는 거예요. 엄청나죠. 그리고 놀이를 위해 이것저것 해봅니다. 과학자들은 몸집만 큰 아기 같기도 합니다. 특히 계산 작업을 많이 하는 생물학자들은 한데 모이는 경우가 많아요. 그런 모임을 보면 항상 놀이를 하고 있고, 계속해서 즐거운 일을 벌여야 해서 꼭 아이들 같아요. 그래서 재밌는 대회 같은 걸 많이 열어요. 한동안 "수치의 벽"이라는 대회를 열었습니다. 모든 사람이 자신이 했던 형편없는 실험을 볼 수 있도록 최악의 실험을 벽에 게시해야 했습니다. "실험실 프로젝트 런웨이"(Lab Project Runway)라고 부르는 대회도 열었습니다. 실험실에서 버려진 물건들로 의상을 만드는 거죠. 과학자들은 이런 이벤트를 아주 좋아해요.

놀이의 요소가 많습니다. 하지만 연구에도 중요한 놀이죠. 그렇게 놀다 보면 말을 하게 되고, 서로 교류하고, 시도하고 싶은 아이디어를 얻기 때문입니다. 물론 놀이가 그런 의미가 아니었다는 건 알지만, 어떤 마음가짐을 갖고 있다 보면 결국 놀이를 하게 됩니다.

제 남편은 의사인데, 가끔 제 콘퍼런스에 와서는 "세상에, 당신들 모두 미쳤어."라고 말합니다. 저는 남편의 컨퍼런스에 가서, "세상에, 당신들 너무 지루해."라고 말합니다. 완전히 다른 세상이에요.

애니 도슨: 이 말을 들으니 안심이 되네요. 왜냐하면 제임스 브라이들(James Bridle)—계산과 같은 내용에 대해 글을 쓰는 예술가—이 계산이 어떻게 과학에서의 놀이의 정신과 자유로운 탐구 정신을 죽였는지를 쓴 챕터가 생각났어요.

엘로디 게딘: 그건 아니에요. 제가 말하는 건 계산하는 사람들이 그런 건 아닙니다. 계산에는 낙담 적인 측면이 있죠? 하지만 제 생각엔….

애니 도슨: 그런 게 바로 제가 하는 계산입니다.

[웃음]

엘로디 게딘: 하지만 이렇게 여러 분야가 교류하는 교차로에서 놀이를 좋아하는 사람들을 만날 수 있는 것 같아요. 그 장벽을 넘고 있다는 사실만으로도 모든 게 더 흥미로워지기 때문입니다.

애니 도슨: 저는 호기심의 개념에는 익숙하지만, 놀이의 개념은 아직 불편한 것 같아요. 제가 연극 분야에서 오기 때문인 것 같네요. 놀이에 대한 말도 안 되는 생각들이 넘치는 곳이죠. 순 엉터리에요. 그리고 저는 항상 연극 수업 시간에 놀이라는 걸 제대로 하는 법을 모른다고 생각했어요. 그 개념 자체가 스트레스에요.

엘로디 게딘: 그럼 연극에서의 "놀이"는 뭔가요?

애니 도슨: 실제로 일반 연극에서요?

엘로디 게딘: 네. 일반 연극이라고 부를 만한 것들에서요. 놀이를 좋아하지 않는다고

말할 때, 그 맥락에서 놀이가 무슨 뜻인가요?

애니 도슨: 그러니까 그건….

엘로디 게딘 [관객들에게]: 방금 애니가 눈동자를 굴렸어요!

[웃음]

애니 도슨: 정말 놀라운 예능인들도 있고, 진정한 상상의 자유 정신을 가지고 있는 배우들도 몇몇 있습니다. 그리고 놀이를 잘 해내는 걸 보면 굉장하죠. 하지만 개인적으로 그 개념에 알레르기가 있는 것 같습니다. 놀이를 하려면 저 자신을 속여야 합니다. 정면으로 개념을 받아들이지 않아야 해요. 그렇지 않으면 너무 스트레스받거든요.

피터 N. 밀러: 스트레스를 풀어 드리기 위해, 조금 다른 방법으로 질문을 드리겠습니다. 애니의 "햄릿 머신"으로, 알고리즘적 접근법을 사용하여 셰익스피어가 쓴 대사가 아닌 다른 모든 언어적 가능성을 탐구해 본다면, 그것이 직접 만든 다른 연극과 어떻게 다른가요?

애니 도슨: 그것이 우리가 한 일입니다. 제가 늘 염두에 두는 것은 무조건 간단한 알고리즘을 이용해야 한다는 것입니다. 컴퓨터 과학의 최첨단이 알고리즘이 아니고요. 사실 그런 최첨단과는 아주 다르죠. 일부러 그렇게 합니다. 저는 알고리즘이 무엇을 하고 있는지 이해할 수 있었으면 좋겠어요. 관객들이 작품을 볼 때 컴퓨터 과학에 대한 어떤 배경지식이 없더라도 알고리즘이 무엇을 하고 있는지 마음속에서 역으로 엔지니어링 할 수 있기를 바랍니다. 알고리즘을 "신비한 효과와 마법"처럼 보이지 않고 알기 쉽게 이해할 수 있도록 합니다. 실제로 아주 간단한 서열 분석 알고리즘으로 많은 곳에 쓰이는 유명한 알고리즘인 마르코프 체인(Markov Chain)을 사용하고 있습니다. 시시한 알고리즘이죠. 저와 함께 일했던 컴퓨터 과학자들은 왜 그런 걸 쓰고 싶어 하는지 궁금해했어요. 그래서 다른 정교한 것도 시도해 봤지만 그게

전부였습니다. 그러니까 그건 놀이입니다. 어떤 종류의 언어적 조합이 생기는지, 컴퓨터에 느슨하거나 촘촘한 범위를 설정했을 때 어떤 새로운 시가 개발될 수 있는지를 알아내는 것이죠. 문제는 "언제부터 지루해지기 시작하는가?"입니다. 지루해졌다가 다시 재미있어지나요? 어떤 시점부터 컴퓨터 시스템이 인간의 내면과 비슷하다고 여길 수 있나요? 컴퓨터가 무언가를 원하거나 느끼고 있다고 상상할 수도 있습니다. 이 모든 것이 숙제입니다. 그래서 어려운 부분을 해결하며 실험을 하고 있죠.

피터 N. 밀러: 엘로디, 끊임없이 변화하는 인플루엔자 바이러스의 우주 지도를 그릴 계획이죠? 그 과정이 애니가 말했던 것과 비슷한가요? 주된 테마의 변주를 재현하거나 포착함으로써 대문자 "I"와 "V"를 가진 관념적 인플루엔자 바이러스가 무엇인지 이해하기 위해 노력하고 있는 것이 아닐까요? 셰익스피어의 가능성을 이해하기 위해 여러 변주를 만들어 내는 것처럼 말입니다.

엘로디 게딘: 나쁘지 않은 비교입니다. 제 리서치 분야에서 하는 연구는 아니지만, 독감 바이러스가 표면에서 발현하는 단백질, 즉 여러분의 면역체계가 인식하는 단백질을 과거의 모든 독감 바이러스와 비교했을 때 일종의 "경로"가 있다는 것을 밝힌 리서치가 있습니다. 그래서 바이러스가 어떻게 나아갈지 정확히 예측할 수는 없지만요. 바이러스가 생존을 위해 발현할 수 있는 표면 단백질의 조형은 굉장히 제한적이죠.

구체적으로 말해 보겠습니다. 독감 바이러스는 6시간마다 복제되며, 복제 사건당, 게놈 하나당 한 번의 실수를 저지르게 됩니다. 다시 말해 매번 한 번의 실수를 한다는 뜻이죠. 하지만 수백만 가지의 바이러스가 있습니다. 게놈의 길이는 겨우 10,000글자인데 그것이 수백만 개가 있는 거죠. 게놈의 90%는 돌연변이가 있고, 이런 돌연변이는 새로운 단백질로 이어질 수 있습니다. 또는 면역체계가 인식을 제대로 하지 못하는 다른 맛의 단백질이 될 수도 있고요. 하지만 이런 실수로 인해 만들어진 바이러스의 90%는 생존할 수 없어서 바이러스가 진화하고 변화하고 변이할 수 있는 것엔 한계가 있죠. "오류 대재앙"이라는 시점에 다다르면, 너무 변이된 나머지 바이러스가 사라져 버리죠. 그래서 이런 경로를 계속 따르다 보면….

애니 도슨: 네. 상태 공간 같은 게 있죠.

엘로디 게딘: 이 공간을 리서치하는 거죠. 학자들은 이 공간과 그 한계를 정확히 파악하려고 합니다. 제가 연구하는 것은 약간 다릅니다. 저는 이런 공간마다 지배적인 바이러스가 존재하는 걸 발견했습니다. 그리고 그에 더불어 존재하는 부차적 돌연변이들도 있죠. 이 공간 속에 모든 유전적 다양성을 연구하다 보면 다음 계절에 독감이 될 가능성이 높은 변이 바이러스를 유추할 수 있다는 걸 알아냈습니다. 현재를 마주함으로써 미래를 예측할 길을 찾으려 노력합니다.

독감 바이러스 모자이크. 엘로디 게딘 제공

**굽신거리고, 새끼손가락을 걸고, 덧입혀 쌓아 올리고,
무단으로 침입하고, 배달하고 운반하고,
노란 리본으로 가로등을 둘둘 감고,
아폴리네르의 시를 떨어진 꽃잎으로 뒤덮인 벤치에서 읽고,
집을 향해 1번가를 건너기 전에 구급차가 지나갈 때까지
기다린다. 그들이 그걸 강렬하게 두려워하는 건 당연하다.
캔저스와 칸다하르의 이데올로기와 고립주의자들에게 그건
다양성과의 끊임없는 타협,
모습을 바꾸는 대중과 끊임없는 교전,**

V.

피터 N. 밀러: 실라가 전에 비슷한 화두를 꺼냈는데요. 리서치에서 체계적이지 않은 대화는 어떤 역할을 합니까?

실라 니런버그: 아이디어를 촉발하는 건 대화입니다. 그리고 이 대화를 바탕으로 나온 아이디어를 팔로우업하는 거죠. 이런 의미에서 리서치는 팔로우업하는 것을 뜻하는 것 같네요. 그다음 되돌아가서 이게 정말 말이 되는지 질문해보고, 그 아이디어가 사실인지 아닌지를 알아내는 방법을 찾는 겁니다. 아마도 그것이 추측과 연구를 다르게 만드는 중요 요소인 것 같아요. 뉴스 논평과 그냥 뉴스의 차이죠.

톰 조이스: 처음 대장간을 시작했을 때 저는 10대였고, 대장장이라는 직업은 거의 사라져 가던 추세였습니다. 세계 2차 대전 이후 대장장이들이 수작업으로 만들 수 있는 건 굉장히 제한적이었죠. 그래서 제 나이 또래 수습생들은 정말 열심히 했습니다. 그들은 최대한 다양한 지식을 얻으려고 노력하고 일부 원로 대장장이들은 자신이 가지고 있는 정보를 공유하려 했죠. 그건 리서치에 대한 열망이자 어쩌면 영원히 잊힐 수 있는 기술을 전달하고자 하는 열망이었습니다. 이러한 기술은 연속적으로 전해져 내려왔습니다. 아버지, 아들, 딸을 거쳐 내려온 이 기술은 직접적 경험을 통해 전해졌죠. 1970년대와 80년대의 대장장이 커뮤니티는 몇 달에 한 번씩 정기적으로 정보를 공유하는 거대한 연구소였습니다. 최소한 일 년에 두 번이나 세 번 정도는 모였죠. 기술을 공유하고, 역사적 도구들을 살펴보며 맨눈으로는 알 수 없는 사용법에 관해 토론하기도 했습니다. 그리고 완성품 거래 단계에도 여러 가지 방법이 있습니다. 이 대장장이 세대 덕분에 이 분야에 관심이 있는 예술가들과 다른 전문가들이 이런 정보를 얻을 수 있었다고 생각합니다. 그 리서치 핵심이 없었다면 그사이에 많은 것들을 잃었을 겁니다.

히데오 마부치: 방금 언급하신 것에 대한 답변을 모아보겠습니다. “누구나 리서치를 할 수 있는가?”라고 물으신 거죠? 사실 제가 수업을 할 때마다 학생들에게

전달하고자 하는 게 있습니다. 어떤 의미에서는, 여러분이 웹서핑을 하며 몇 시간을 허비하는 것도 리서치라는 것입니다. 어떤 웹 페이지로 가서 링크를 클릭하고, 또 다른 웹 페이지로 이동하고, 또 다른 링크를 클릭할 때, 리서치의 핵심을 진행하고 있는 겁니다. 왜냐하면 자신의 환경을 더 흥미롭고 덜 흥미로운 것으로 분류하고 있기 때문이죠. 그리고 저는 그것이 우리가 리서치라고 부르는 것의 기본이라고 생각합니다. 스스로 진행할 수도 있고 그룹으로도 할 수 있는 일입니다. 집단으로서 이것에 더 관심이 있는지 아니면 저것에 더 관심이 있는지 결정할 수도 있고요. 다음 단계로 나아가기 위한 상상력을 끌어모으거나, 무언가를 엄밀히 증명할 수 있는 기술을 찾으려 하는 것은 결국 자원을 모으는 과정입니다. 하지만 사회적 환경에서 연구를 하려고 할 때 한 가지 아쉬운 점은, 호기심으로 시작하는 모든 리서치는 계획한 연구가 비용이 들지 않고, 위험하지 않으며, 다른 사람들을 위한 기회비용도 없을 때만 가능하다는 것입니다. 하지만 리서치의 사회학에서 생기는 많은 복잡성은 왜 자신이 이것에 관심이 있는지 명분을 찾는 데에서 발생합니다. 그러고 나면 또 사람들은 묻습니다. "정말 그럴 만한 가치가 있을까요?" 이제 그러면 또 다른 측면의….

피터 N. 밀러: 호기심과 리서치 사이의 경계선 같은 거죠? 그 명분이라는 것이요.

히데오 마부치: 글쎄요. 동의하시지 않을지 모르지만, 개인적으로 리서치를 할 때 실용적인 목적에 대한 부분은 빼고 싶습니다. 그런 걸 좋아하지 않아요.

피터 N. 밀러: 순수 리서치와 응용 리서치 사이의 어떤 양극성 혹은 이분법에 대해 생각을 하는 건가요? 아니면 그런 식으로 아예 생각하지 않나요?

실라 니런버그: 생각하기도 합니다. 하지만 저는 처음에 기초 과학 분야였기 때문에 순수 리서치를 했어요. 순수 리서치는 발견으로 이어지고, 하나 둘 응용으로 이어졌습니다. 그렇기 때문에 순수 리서치와 응용 리서치는 연속체라고 볼 수 있어요. 하지만 목적은 중요해요. 그 부분에서는 히데오와 다른 의견입니다.

히데오 마부치: 그럼요.

실라 니런버그: 원래 생각했던 것과 다른 목적이 있더라도 이유가 있어야 한다는 생각이 들어요. 예술이나 도예를 하는 분 같은 경우에는 그냥 탐험을 하는 거란 걸 완벽하게 이해합니다. 그런 상황에서는 목적이 없어도 된다고 생각해요. 그 행위 자체에서부터 목적이 나올 수 있기 때문이죠. 예를 들어, 인간이 너무 흥미롭기 때문에 뇌를 연구하고 싶다고 합시다. 그렇다면 그건 뇌를 이해하는 데에 있어 어떤 광범위한 목적입니다.

히데오 마부치: 일부 물리학에서는 이야기가 다른 것 같습니다. 특이한 상황에 놓여 있죠. 사람들이 쉬쉬하는 이야기지만, 정부는 더 이상 물리학의 기초 리서치에 자금을 지원하지 않습니다. 순수한 호기심에 진행되는 물리학의 기초 리서치를 위한 돈은 완전히 증발했습니다. 대신 응용 리서치 비용은 많죠. 사람들은 리서치와 혁신—혁신이라는 단어가 이 대화에 나올지 궁금했어요. 좋아하지 않는 단어거든요.— 사이에 어떤 관계가 있는지 알고 싶어 합니다. 하지만 사람들은 이 연구가 기술 발전에 이로운지, 사회의 부를 증가시키거나 사회에 어떤 큰 영향을 주는지 궁금해합니다. 이럴 때 저는 "양자역학을 이해하는 데에 핵심처럼 느껴지는 게 있어요. 우리가 잘 모르는 부분이네요. 그러니까 이해해 보려고 해야 하지 않겠나요?"와 같이 질문을 합니다. 누군가가 그 연구를 통해 더 좋은 컴퓨터를 만들 수 있는지 말할 겁니다. 우리는 항상 정말 하고 싶은 것을 위한 연구 자금을 얻기 위해 그런 명분에 의지해야 합니다.

실라 니런버그: 생물학도 비슷한 추세입니다. 의학적인 목적을 찾는 거죠. 하지만 저는—절대 따라 하면 안 됩니다—명분을 내세워 연구 보조금을 얻고 연구를 하다가, 뒷방에 들어가 몰래 기초 과학에 대한 실험을 잔뜩 합니다. 발전하려면 기본적인 이해를 해야 하기 때문입니다. 단지 어떤 질병에 약만 던지고 있다면, 수년간의 암 리서치가 아무 결과도 얻지 못한 것처럼 별 소득을 얻지 못할 겁니다. 이해가 중요합니다. 그래서 그런 기초 리서치를 위해 조금씩 연구비를 사용할 수 있는 거죠. 하지만 저를 신고하거나 그러지는 마세요.

피터 N. 밀러: 더 알고 싶어 하는 것과 리서치가 다르다고 생각하나요? 책을 많이 읽고, 데이터를 수집하는 그 행위는 리서치일까요? 알아가는 과정일까요?

톰 조이스: 아니요. 다른 점을 모르겠습니다. 그뿐만 아니라 요리를 하는 거나 정원을 가꾸는 것, 또는 스튜디오에서 예술을 하는 것 사이의 차이도 잘 모르겠습니다.

전제주의적, 민주주의적, 선동적, 왕조적, 무정부적,
이상 발달적이고, 과도현실적이다. 누더기와 광자의 제국.
자신을 구성하는 벽돌로 암호화된 제국,
각 벽돌은 노동 집약적 물질성을 상징하는 각인,
매년 수억 명이 허드슨강을 건너
하버스트로*Haverstraw*와 킹스턴*Kingston*의 진흙 구덩이에서부터 건너,
1835년의 대화재 이후로 그곳은 의존성의 황무지,
채석장과 공장과 상품용 채소 농원,
그 근육질의 심장에 혈청을 전달하는, 고군분투하는 집단,
아일랜드 일꾼과 이로쿼이*Iroquois* 빔워커의 집단,
아이보이리안*Ivoirian* 우산 상인들의 집단, 모닥불을 위한 장작을 모으고
장작은 나방처럼 전 세계를 불길로 유인하였다.

Ⅵ.

피터 N. 밀러: 아직 아무도 실패의 문제에 대해 언급하지 않았는데요. 여러분 모두에게 리서치에 실패했을 때 얻었던 긍정적인 결과가 있었는지 질문할 좋은 시점인 것 같네요.

마리나 러스토우: 실패에 대한 해결책이 생산적인 경우가 있죠. 저는 히브리어 문헌 해독 훈련을 받았습니다. 실제로도 히브리어 고문서를 읽는 것이 아랍어 고문서를 읽는 것보다 훨씬 쉬웠죠. 히브리어는 글자와 글자 사이가 연결되지 않은 문자이기 때문에, 필체가 나빠지는 데 한계가 있죠. 아랍어는 연결된 문자인데다가 기록을 위한 글을 적을 때 점을 찍지 않는 필자들이 많습니다. 아랍어에서 점을 사용하지 않으면 하나의 기호를 각기 다른 다섯 개의 글자로 해독할 수 있어서 복잡성은 배가 됩니다. 해독할 수 없는 것뿐 아니라 아예 파편만 남아 있는 문서를 마주하면서, 저는 제가 받은 훈련, 즉 해독하고, 정보의 임계 질량에 도달하고 자료로부터 역사를 쓰는 일이 의미 없다는 걸 깨달았어요. 그러자 더욱 매체와 재료의 단서들을 살피기 시작했습니다. 종이, 레이아웃, 잉크 생산 과정, 제가 본문을 읽지 못할 때 얻을 수 있는 모든 정보를 연구하기 시작했죠. 레이아웃을 연구하는 건 아주 생산적인 결과를 가져왔어요. 아랍어 문자의 문서들에 관심을 두면서, 아랍어 문자로 된 많은 문서가 히브리어 문자로 재활용되었다는 것을 알게 되었기 때문입니다. 정말 흥미로운 것은 이 자료를 연구한 첫 두 세대의 학자들은 이 히브리어 원문을 출판하면서도 페이지를 가로지르는 거대한 아랍어 문자를 보지 못했다는 사실입니다. 문자를 지우고 그 위에 쓰는 형식이 아니었으므로 안 보이는 건 아니었을 거예요. 하지만 보지 못한 거죠. 머릿속으로 아랍어 문자를 삭제한 것뿐입니다. 그래서 이런 단편적 정보에 직면했을 때 주어진 문서 조각의 출처를 추측하려면 더 많은 증거가 모아야 한다는 것을 깨달았습니다. 이 방식으로 공공 법령을 발행하는 창구에서 일하는 서기들과 세금 영수증을 작성하지만, 필체가 좋지 않은 서기들을 구별할 수 있습니다. 문서를 읽을 수 없었기 때문에 이러한 문서의 시각적 유형을 발견하게 된 것입니다.

피터 N. 밀러: 테리는 어때요?

테리 플랭크: 다시 말하지만 저는 학생들에게 실험이 실패했더라도 무언가를 배울 수 있다고 말합니다. 기기가 순조롭게 작동하면 학생들이 하는 일이 없기 마련이죠. 우리 분야의 기기는 아주 정교합니다. 암석을 녹이거나, 암석이 가지고 있는 미량원소의 1조분의 1을 측정하는 일을 하죠. 기기가 작동하지 않아 실험이 실패했을 때, 학생들은 그때야 장비가 작동하는 원리를 알 기회가 생긴다고 생각합니다. 실험을 직접 지휘하며 창의적인 것을 시도할 수 있게 되면서 장비를 가동하거나 자신만의 실험 방법을 적용해 보는 거고요. 그래서 실패를 통해 배울 수 있다고 생각합니다.

피터 N. 밀러: 뭔가 극적인 실패를 경험하신 적이 있나요?

테리 플랭크: 그런 일을 생각해 내려고 하는데요. 모르겠어요. 와인을 마실 때 물어봐 주세요.

피터 N. 밀러: 알겠습니다. 안-미에게 실패는요?

안-미 레: 액세스를 얻지 못한 것이 저에게 많은 교훈이 된 것 같습니다. 그리고 최전선에 직접 갈 수 없을 때 대신 어떤 작업을 할지 생각하는 데에 많은 도움을 줬어요. 2003년 이라크에 가고 싶었을 때 일어난 일이죠. 제가 너무 늦게 작업을 시작했기 때문에 파견 기자 지원 대기자 명단에 올랐습니다. 그 후에 해병대가 LA 외곽의 기지에서 훈련한다는 걸 알게 됐고요. 그래서 무언가의 복사본을 찍거나, 사건을 재현하는 모습을 찍거나, 영화 세트장을 찍거나 하는 아이디어를 생각해 냈습니다. 그곳에 직접 있지 않으면서도 주제를 다룰 방법이었습니다. 신문 사진 기자들이 쓰는 방법이기도 합니다. 이런 방식은 저에게 큰 사건의 부차적인 관점을 고려하는 방법이나, 신문과는 다른 독특한 방식으로 주제를 다루고 흥미로운 사진을 찍는 방법을 가르쳐 주었다고 생각합니다.

마리나 러스토우: 안-미에게 관련 없는 질문을 하나 해도 될까요? 너무 궁금해서요.

파견된 신문 사진 기자 이야기를 하셨는데요. 물론 최근에 등장한 현상인 것 같은데 인류학은 어떤가요? 가끔 스스로 농담으로 "딥 행잉 아웃"(Deep Hanging Out) 같은 것을 하는 인류학자들과 얘기해 본 적이 있나요? 3주 반 동안 배를 타고 어떤 곳에 가는 그런 대단한 일을 하고, 디테일에 몰두하며 무언가를 알아내는 구조화되지 않은 과정을 거치는 거죠. 그런 몰입감 있는 현장 작업을 하는 사람들과 노트를 공유한 적이 있나요?

안-미 레: 네. 아주 신나는 일이에요. 사진작가로서 레지던시에 합격하는 것과 비슷해요. 그런 다음 가서 사진을 찍는 거죠. 건축가로서 레지던시를 얻기도 하죠. 그리고 프리즈(frieze)를 연구하고 싶다고 말하고 바로 리서치를 합니다. 제 생각에는 건축가들에게 더 직관적이지 않은 도약 같아요. 사진을 찍으면 직접적인 것을 얻잖아요. 다른 학자들에게는 노트, 성찰, 장기적인 연구인 것입니다. 질문을 하나 해도 될까요? 시각 예술가가 역사학자나 과학자와 다르다고 생각하는 점은 시각 예술가로서는 많은 시간을 리서치하는데 소요한 후 완전히 그 연구를 던져 버릴 수 있다는 겁니다. 바로 그 자리에서 다른 무언가를 생각해 낸 다음 이전 리서치와는 전혀 상관없는 새로운 작업을 시작할 수 있죠. 굉장히 놀라운 일이기도 해요. 역사나 과학에서 그렇게 할 수 있을까요?

테리 플랭크: 우리도 얼마 전에 리서치를 던져 버렸어요. 화산 유리에 포함된 이산화탄소를 10년 동안 측정했었죠. 그런데 완전히 잘못 측정하고 있다는 걸 알게 되었어요. 저뿐만 아니라, 학계 전체가요. 측정이 잘못되었다는 걸 밝히는데 저희가 기여를 했죠.

안-미 레: 하지만 이전 방식이 틀렸다는 걸 증명해야 한 거죠?

테리 플랭크: 네. 완전히 틀렸다고 증명하고 인정해야 했어요. "우리 모두 지금까지 잘못된 것을 측정해왔습니다. 결정안에는 사실 모든 이산화탄소가 들어 있는 거품이 있고, 지금껏 그걸 측정하기가 어려웠어요."

마리나 러스토우: 하지만 그래도 되는 거죠. 사고방식을 바꾸는 건 리서치를 던져 버리는 것과는 다릅니다. 왜냐하면 여전히 지금까지 그렇게 해왔지만 그건 완전히 틀렸다고 말하는 논문을 발표하게 되니까요. 잔뜩 진행해 둔 리서치를 던져 버리고는 논문을 발표하지 않는 것과는 다르죠.

테리 플랭크: 아, 그렇군요.

안-미 레: 네. 아니면 완전히 다른 연구를 하거나요.

피터 N. 밀러: 아니면, 제 생각에 안-미의 요점은 어떤 결과를 예측하며 리서치를 한 다음, 리서치를 완전히 버리고도 여전히 어떤 결과를 만들어 낼 수 있다는 점인 것 같습니다. 하지만 결과 자체는 리서치와 별로 관계가 없습니다. 마치 영감을 주기는 했으나 결과와는 관련이 없이지는 것처럼요.

테리 플랭크: 네. 실제로 출판되지 않은 많은 연구가 여기저기 남아 있죠. 어쩌면 그다지 흥미롭지 않아서 출판되지 않았을 수도 있습니다. 저는 개인적으로 어떤 연구도 버린 적이 없다고 생각합니다. 저희는 세금에서 연구비를 지원받고 있기 때문에 우리가 무엇을 하든 출판해야 합니다. 심지어 틀린 것이라도요.

마리나 러스토우: 예전에는 역사학자로서 모든 리서치 관련 부분들은 본문 내용에서는 최대한 숨기고 주석에 달아야 한다고 생각했습니다. 왜냐하면 아름답고 술술 읽히는 멋진 서사를 쓰고 싶었기 때문이죠. 그래서 독자들이 저의 아카이브에 관심이 없더라도 제 이야기에 관심이 생길 수 있도록 말입니다. 지금은 완전히 다르게 접근합니다. 제 역사적 서사를 서술하면서 리서치 과정을 앞장세우려고 합니다. 왜냐하면 사람들을 매료시키는 것은 불쌍한 역사학자의 두뇌와 완고한 자료들 사이 투쟁의 상호작용이라고 생각하기 때문이죠. 제가 항상 궁금했던 건 그늘 속에서 무슨 일이 일어나고 있는지에 대한 것입니다. 그래서 처음 시작했을 때와는 달리 연구의 모든 부분을 활용하고 있습니다. 그땐 정말 많은 걸 배제하고 있었던 거죠.

실라 니런버그: 실패에 관해 이야기를 하나 더 해봐도 될까요? 실패는 리서치의 큰 부분을 차지합니다. 아이디어가 있어서 실험하지만, 실험이 생각하는 대로 되지 않습니다. 머쓱하게 손사래를 치고 변명을 하는 것을 열 번 반복하고 나면, "나는 정말 틀렸어. 그걸 받아들여야 해."라고 깨닫게 되죠. 처음엔 정말 비참했어요 그런 다음 서서히 깨닫게 되죠. 처음 가설이 틀렸다는 것은 무언가 잘못됐다는 걸 알려주는 제약 조건이라는 것을 알게 되고, 갑자기 고통에서 새로운 생각이 떠오르는 흥분으로 변합니다. 지금까지 항상 옳다고 여겨왔다면 아마 그 지점에 도달하지 못했을 것입니다.

히데오 마부치: 실패할 때가 실제로 무언가를 배울 수 있는 유일한 시간이죠.

실라 니런버그: 맞아요. 정확해요.

피터 N. 밀러: 다른 건설적인 실패들은 뭐가 있을까요? 여러분이 실패로부터 배운 다른 사례들을 생각해 볼 수 있을까요? 성공했을 때 배운 것만큼이나 많은 걸 깨달은 사례가 있나요?

톰 조이스: 제가 일하는 산업 단조장에서는 철 단조 기술의 혁신 최첨단에서 일하고 있는 운영자들이 있습니다. 철에 대한 의존도가 높기 때문에, 이 산업에서 실패는 일어나서는 안 됩니다. 무조건 피해야 합니다. 이 환경에서 작업할 특권이 주어진 예술가나 전문가로서, 이들이 실제로 피하고자 하는 것이 무엇인지 살펴볼 수도 있고 다른 연구를 위해 필요한 강력한 증거들도 찾을 수 있습니다. 이 과정을 통해 저와 운영자 모두 이 물질이 가능한 한계 범위를 시험하고 있다는 것을 깨닫게 됩니다. 저희가 생각했던 것보다 더 공생하고 있으며 사용하는 용어들도 같습니다.

피터 N. 밀러: 여러분들이 스스로 자신감을 유지하는 데 도움이 되는 훈련이 있는지 묻고 싶군요.

실라 니런버그: 뒷받침할 근거와 함께 "과학적인" 방식으로 답변할게요. 특히

콘 에드 변전소의 벽에 세게 밀쳐진 가죽나무를 압도한다.

The Berg 대장간에서 단조를 하는 모습. 앤-마리 부타오(Anne-Marie Bouttaux)

울타리를 따라 울퉁불퉁한 회양목 관목,

여성들을 위한 훈련입니다. 저는 남성이 우세한 직종에 종사하고 있어요. 젊은 여성들이 어떻게 자신감을 키우는지 질문을 하곤 합니다. 바른 자세로 서서 키가 커 보이는 신발을 신고, 더 낮은 목소리로 말하는 방법이 있습니다. 아니면 증거에 대한 확신을 가질 수 있도록 실험을 많이 할 수도 있습니다. 저는 아주 열심히 일을 하기 때문에 틀렸더라도 다른 아이디어를 통해 그 생각을 증명하거나 시험을 하는 거죠. 이렇게 증거가 뒷받침될 때 용기가 납니다. 과학 분야에서는 세미나에서 발표할 때 일반적으로 50분 동안 이야기하고, 대부분은 끝마칠 때까지 이야기합니다. 저는 보통 길어야 30분에서 35분 정도 이야기를 한 다음 모두에게 질문을 받습니다. 충분히 질문을 할 수 있도록요. 제가 하는 연구가 유전자 치료, 분자 생물학, 신경과학, 수학에 관한 것이기 때문에, 제 연구에 회의적이었던 모든 사람이 마지막에는 "실라가 그 부분도 답을 했어요."라고 말하길 바랍니다. 이런 부분이 저에게 실패를 받아들일 수 있는 자신감을 주는 것 같습니다. 그래서 누군가 모르는 질문을 했을 때, "모르겠어요. 하지만 그걸 시험해 보기 위해 저는 이런 걸 할 것 같습니다."라고 답변합니다. 그리고 실험을 하는 거죠. 요란하기만 한 소리는 자신감을 주지 않고 오히려 자신을 불안하게 하고 옷장 안으로 들어가고 싶게 만들죠. 할 수 있을 만큼 하면 용기 있게 답을 할 수 있습니다. 이것이 우리가 할 수 있는 전부인 것 같아요.

<u>톰 조이스</u>: 마음에 들어요.

녹슨 조각으로 무너진 탁자, 두 개의 벽돌 더미—
그들의 이야기는 무엇인가?—누가 그걸 만들고 카트에 담고,
그들을 안뜰에 놓고, 또 누가 이 비에 침식되고 방치된 평범한
기념물을 만들기 위해 이 모든 걸 원상태로 돌렸는가?
왜 아무도 이 작은 정원을 가꾸지 않는가?
마구잡이로 자란 담쟁이가 건물을 타고 올라간다.
곧 열매를 맺을 개머루덩굴의 밧줄과 고리를 타고,
가을이 오면 저속한 광택으로 빛날 열매, 이상한 열매,
청록색, 보라색, 하늘색.... 아, 생각의 흐름을 놓치고 말았다.

VII.

피터 N. 밀러: 다른 종류의 리서치를 하고 싶다는 생각을 한 적 있습니까? 다른 종류의 예술가나 과학자가 되고, 다른 방법으로 리서치를 하고 싶다는 생각이요.

안-미 레: 전 항상 화가가 되고 싶었어요. 하지만 화가는 무에서 유를 창조하죠. 상상으로, 혹은 사진과 같은 것을 참고하는 방식으로요. 저도 이런 방법을 알고 있습니다. 시각 예술에서 리서치를 할 때 흥미로운 점은, 아카이브나 어떤 아이디어에서 리서치를 시작한다고 말하지 않는다면, 지적으로 엄밀하지 않다는 일종의 낙인이 있습니다. 비야 셀민스 (Vija Celmins)는 자신의 스튜디오를 서성거리며 멋진 것들을 생각하죠.

피터 N. 밀러: 또는 캠벨 맥그래스가 해변에서 멋진 것들을 생각하고요.

안-미 레: 하지만 그런 걸 엄밀한 연구라고는 하지 않죠. 요즘 자주 생각하는 내용입니다. 아이디어를 찾고 지적인 연구를 하는 것이 아닌, 자기 활동 영역에서 묵묵히 자기 일을 하는 것의 의미는 무엇일까요?

피터 N. 밀러: 테리, 당신이 하고 싶다고 상상한 다른 리서치가 있나요?

테리 플랭크: 저는 제가 하는 일이 좋아요. 저는 세상에서 제일 좋은 직업을 가지고 있습니다. 맥아더라는 사람이 하늘에서 소리치면서 "여기 50만 달러가 있네. 이제 항상 하고 싶었던 그걸 하면 되네. 가서 바이올린을 연주하게."라고 한다면 저는 "난 바이올린을 연주하지 않습니다. 제가 하는 일이 너무 좋아요. 죄송해요. 저는 세상에서 제일 좋은 직업을 가지고 있습니다."라고 말할 거예요.

피터 N. 밀러: 좋아요. 마리나, 다른 목표를 향해 다른 종류의 리서치를 하는 상상을 해 본 적이 있나요?

마리나 러스토우: 가끔 다른 역사 리서치를 하는 상상을 합니다. 두 가지 종류가 있는데요. 하나는 영어로 된 원고를 읽는 겁니다. 예를 들어 19세기 편지 같은 것들이요.

테리 플랭크: 너무 쉽네요.

마리나 러스토우: 그렇죠.

테리 플랭크: 편법이나 다름없죠.

마리나 러스토우: 어렵지 않죠.

테리 플랭크: 맞아요. 정확히요.

마리나 러스토우: 만족할 만큼 괴로운 작업은 아닙니다. 제가 생각한 또 다른 연구가 있어요. 베니스 출신이자 베니스 대학교에서 가르치고 있는 친구가 있습니다. 친구는 베니스의 역사에 대해 쓰고 있고, 아카이브까지 걸어서 가죠. 제가 베니스에 있는 서점을 지나가다가 창가 진열대에서 제 친구의 책을 보았습니다. 그때 저는 "내가 사는 곳에 대해 리서치를 하고, 그곳의 상점 창가에 진열된 내 책을 보는 것은 나에게는 평생 없을 경험이야."라고 생각한 적이 있습니다. 하나로 수렴하는 그런 연구 말입니다. 반면에 저는 경험해본 적 없는 새로운 세상에서, 자료는 전부 유럽에 있는 세계에서 가장 오래된 나라에 대해 리서치를 하고 있습니다. 너무 혼란스럽죠! 그리고 저는 이집트와 어떤 관계도 없는 사람입니다. 아버지는 베를린 출신으로 터키에서 자랐고 뉴욕으로 이사했습니다. 저는 정말 뒤죽박죽이에요. 모든 것이 제 친구처럼 하나로 수렴하면 정말 아름다울 겁니다. 저는 모르겠어요. 지금 하는 일을 그때도 선택할까요? 확실하지 않아요.

VIII.

피터 N. 밀러: 그냥 든 생각인데요. 리서치를 자기 형성이나 자기 수양에 중요한 부분으로 여기면 어떨까요? 우리 외부의 어떤 추상적인 목표를 추구하는 것이 아니라요. 그것이 우리의 교육 관습이나 학습 목적에 대한 사고방식에 어떤 영향을 미칠까요? 조금 전에 여러분들이 가르치는 여러 수업에 대해 말을 했었죠. 리서치가 교실에서는 어떤 역할을 할까요?

실라 니런버그: 저는 신경과학자이기도 합니다. 그래서 우리가 무엇을 하고 왜 그것을 하는지에 관심이 있죠. 그리고 이건 끝없는 질문의 원천입니다. 하나를 대답하고 나면 이것저것을 연구해야 하고, 선택할 수 있는 방향도 너무 많죠. 이렇게 말하는 게 나르시시즘일지도 모르지만, 우리 인간들은 모두 너무나 매력적입니다. 그래서 저는 단지 인간이 피할 수 없는 것이 무엇인지 이해하려고 하는 겁니다. 우리의 고정 관념 중 하나는 우리가 똑같은 실수를 한다는 것이죠. 우리에게 특별한, 독자적인 부분은 무엇일까요? 신경 활동의 어떤 부분이 결정을 불가피하게 만들까요? 이런 생각이 저의 원동력입니다.

히데오 마부치: 이 행사가 시작되기 전에 나누던 이야기가 있어요. 지식과 교육의 디지털화와 가상화가 증가하는 현상과 사람들이 자기 삶과 현실적인 것에 대해 이야기하는 방식에 나타난 변화에 관한 것이었습니다. 하지만 디지털과 가상 현실이 아닌, 자연 물질과의 친밀함과 이해에서 나온 생각을 갖는 건 매우 인간적인 것입니다. 하지만 모든 것을 추상적인 방식으로 가르치고 이해하게 될 경우 이런 생각과 감각을 상실하게 됩니다. 추상화에는 내재한 폭력성이 있어요. 아주 근본적으로 물리적 물질에 관해 이야기하거나, 매우 고차원적으로 사람이나 사회에 대해 말할 때도 그렇습니다. 학생들은 자신을 강하게 하며 소중한 가치를 지닌 깊은 생각은 아무도 알려줄 수 없으며 스스로 찾아야 한다는 점을 꼭 알아야 합니다. 이렇게 체화할 수 있는 학습, 또는 물질로부터 배우는 학습은 텍스트나 강의에서 배우는 것과 다릅니다. 현대 대학 과정에서 가르치는 방식으로 지속했다가는 잃어버릴 수 있는 매우 중요한 가치죠.

이것을 잃지 않는 것이 중요하다고 생각합니다.

톰 조이스: 또한 근접성에 관한 것이기도 하지 않나요? 즉, 다양한 분야를 쉽게 접근할 수 있는 격리되지 않은 환경을 구축해야 합니다. 시카고의 노스웨스턴에 있는 시걸 디자인 연구소(Segal Design Institute)가 생각났는데요. 학장인 훌리오 오티노(Julio Ottino)가 새 건물에 센터를 하나 열었습니다. 어떤 분야를 연구하든지 여러 층을 한꺼번에 볼 수 있는 아트리움 같은 분위기를 가질 수 있도록 말이죠. 모든 실험실을 들여다볼 수 있고 진행 중인 다른 활동들도 살펴볼 수 있습니다. 기계 가공, 3D 프린팅, 로봇 공학 등 다른 측면과 교류하기 위한 초대장입니다. 스탠퍼드 대학교에서도 스튜디오가 캠퍼스에 있나요? 근접성이 확연하도록 말이에요.

히데오 마부치: 사실 스탠퍼드는 인프라에 의해 약간 제한된다고 말하고 싶네요. 많지는 않습니다. 학생들이 스스로 코딩 수업이 아닌 다른 수업을 수강해보는 것을 허락하지 않기 때문에 제한적인 부분이 훨씬 더 많습니다. 제 생각에는 좋은 롤 모델을 제공하고, 부모님에게 이걸 꼭 해야 한다고 말할 수 있도록 거의 강요하다시피 교육적 요구 사항을 체계화할 것 같습니다.

톰 조이스: 제가 신입생을 맡을 때마다, 저는 학생들에게 남겨진 것에 대해 리서치를 하게 합니다. 선생님들이 여러 매체로 조각하고 남겨둔 것에 대한 리서치요. 저는 이런 물건으로 구성된 도서관을 가지고 있습니다. 비록 인쇄된 자료를 모은 곳은 아니지만, 도서관이라고 부르죠. 어떤 방식으로 만들어진 물건의 여러 미묘함을 분별할 수 있으려면 손으로 직접 물리적으로 다루어야 하기 때문입니다. 뒤집어보고 만지기도 하고요. 그 물건을 만든 디자이너가 새로운 아이디어를 쉽게 창조했는지, 아니면 이 조각은 견고함을 위해 만들어진 것인지, 아니면 다른 물건을 주로 만드는 보조 제작자인지 판단할 수 있어야 합니다. 다른 사람들의 물질적 잔여를 볼 때 나타나는 여러 언어를 해부함으로써 이 모든 것을 알 수 있습니다. 하지만 동시에 이런 물건을 보면서 저는 학생들이 도구 제작을 이해하는

것이 중요하다고 느꼈습니다. 어떤 연구를 하든 간에, 그들의 손과 몸에 맞는 도구를 상상할 수 있고, 생각한 것을 바로 만들 수 있도록 말이죠. 저는 스튜디오에서 견습 프로그램을 이끌 때, 이 프로그램에 참가자가 기계공, 용접공, 예술가 중 어떤 직업을 가져도 괜찮습니다. 그것은 중요하지 않아요. 중요한 것은 사용할 수 있는 망치를 만드는 일입니다. 그리고 그 망치는 그 후로 많은 문을 열리게 할 창조적 과정의 상징입니다. 창조적 문은 물질적 특성에 대한 실용적 이해가 있다면 열릴 것입니다. 이때 리서치의 문은 활짝 열려 있습니다. 그 창작의 세계에는 제한이 없습니다.

러들로*Ludlow* 거리 모퉁이에서 오래된 골프채를 파는 남자.
그녀의 붉고 부어오른 팔에 로션을 조심스레 바르는
F 지하철 노선을 탄 여인. 도토리—
도토리를 벤치에 앉아서 허드슨강으로 던진다 마치
내가 피터 스튜이버선트*Peter Stuyvesant* 였을 때, 월트 휘트먼이었을 때,
우리가 레나페*Lenap*와 브로드웨이에서 사냥을 하였을 때.
그러자 사슴이 사라지고, 부두가 썩고, 탑이 무너졌다.
아프리카 묘지는 콘크리트 밑에 묻힌다.
노예제도의 기억이 환유와 고의적 기억상실에 의해
가려졌듯이. 도시는 100개의 언어를 구사하고,
세 개의 강을 가로지르고, 40개의 섬을 인질로 삼는다,
도시는 기억의 열도, 본질적이고 비물질적이고
회피적이다. 증기의 자손이 새벽에 삐걱거리듯이,
유령들의 모임이 된다. 아일랜드 사람들은 워싱턴 하이츠에서
사라졌지만 나는 여전히 내가 차가운 고기찜 샌드위치를
먹는 것을 그릴 수 있다. "맥헤일의 해군*McHale's Navy*"을
할머니의 오래된 아파트의 흑백 TV에서 보는 것을 그릴 수 있다.

Ⅸ.

피터 N. 밀러: 누구든지 리서치를 할 수 있나요? 여러분이 생각할 때 리서치는 적절한 환경이나 적절한 추진력을 가진 사람이라면 누구나 할 수 있는 일인가요? 물론 대답은 여러분 모두 할 수 있습니다. 톰, 저는 최근에 당신이 워싱턴에서 아프리카 대장간에 대해 기획한 전시회를 떠올려봤어요. 대장장이들의 작업을 생각할 때, 그들이 좋은 제품을 생산하기 위해 기술과 재료에 대한 지식수준까지 도달하는데 걸린 준비 작업과 그 시간에 대해 생각하나요? 이 과정을 리서치, 또는 리서치 과정이라고 생각하십니까?

톰 조이스: 이 기술을 개발하는 아프리카 대장장이들의 리서치 말인가요? 그럼요. 시행착오는 그 활동을 움직이는 리서치의 중요한 구성 요소이죠. 아프리카에서 철은 역사적으로 유럽이나 아시아의 영향으로부터 독립적으로 생산되고 있었기 때문에, 철에 대한 이해가 아주 다릅니다. 세계 어디에서나 이용할 수 있는 최고 품질의 철을 만들기 위한 길이 각자 다르기 때문에 리서치의 과정임이 명백하죠. 아프리카의 철 제조는 아나톨리아(Anatolia)의 히타이트인(Hittites)이나 철 제조 과정을 익혀가던 유럽인의 방법과는 다른 과정이었습니다. 그리고 아프리카 대장장이들은 유럽 대장장이들보다 예를 들어 공기 예열 같은 기술의 과정을 훨씬 더 일찍 깨우쳤습니다. 아프리카의 대장간 현장에서 보면 시대에 뒤처지는 것처럼 보이는 풀무 디자인이 있었습니다. 그러나 사실은 전혀 그렇지 않습니다. 이 풀무는 연료와 시간을 절약하고, 일을 더 빨리 끝낼 방법으로 고안한 기술적 혁신과 탁월함의 도구입니다. 공기를 예열함으로써 풀무는 공기가 튜브를 타고 내려와 화로에서 나온 따뜻한 공기와 체임버(Chamber) 안의 차가운 공기를 섞이게 하고, 500°C 이상의 공기를 불 중앙으로 전달할 수 있죠. 설명을 계속해야 하는지는 모르겠지만 제가 방금 깨달은 차이점은, 아프리카 대장장이들은 철을 만드는 관련 기술자 개개인이 모인 작은 단체였기 때문에, 그들은 무한한 노동력을 얻기 위해 노예를 부린 유럽인들과 같은 노동력을 가지고 있지 않았다는 점입니다. 그리고 직접 작업을 하다 보면 노동력을

카브레(Kabre) 대장장이인 코시 카오(Kossi Kao)가 카브레 소년들이 연주하는 입문 의식 악기 (에판데, ekpande)의 오목한 반쪽을 다듬는 모습. 에판데는 카브레 소년들이 성인이 되기 위한 10년간의 단계별 입문식에서 연주되는 악기이다. © 톰 조이스, Tcharé, 2010

절약하고, 선반에 있는 도구를 아무거나 가져오는 것이 아니라 인체공학적으로 더 사용에 적합한 도구를 알게 되죠. 한 가지 좋은 예가 있어요. 유럽인들이 처음 프랑스, 영국, 독일식의 모루와 망치를 가져다주었을 때, 아프리카 대장장이들은 그걸 한 번 써 보고는 더 이상 사용하지 않았습니다. 2,500년 이상에 걸쳐 자신들이 개발한 도구 디자인이 훨씬 더 효율적이고 인체공학적으로 편했기 때문에 유럽의 도구들은 상대적으로 수모를 당한 겁니다. 이런 과정은 추상의 공간에서 일어나는 게 아닙니다.

피터 N. 밀러: 리서치가 누구나 할 수 있는 것이라면—여러분들이 고개를 끄덕이는 것이 보이네요.— 리서치는 공동체에서 더 잘 이뤄질까요? 아니면 고립된 개개인들에 의해 더 잘 행해지는 것일까요? 리서치는 사회적 기능인가요?

실라 니런버그: 글쎄요. 어떤 리서치를 하느냐에 따라 다르겠죠? 죄송해요. 저는 그 질문에 좋은 답이 없네요.

톰 조이스: 경쟁과도 관련이 있죠. 신뢰를 바탕으로 한 협력을 더 고려한다면….

실라 니런버그: 맞아요.

톰 조이스: 네. 그리고 "수상을 원하지만, 폐쇄적 환경에서 연구하기"와 같은 생각이 훨씬 더 많을 것 같은데요. 너무 터무니없는 추측이었나요?

<u>실라 니런버그</u>: 아니요. 가끔 일어나는 일입니다. 하지만 이걸 "팀 스피릿"이라고 부르고 싶어요. 우리 모두 함께 이 일을 하고 있죠. 그렇지만 이런 생각이 리서치에 관한 것인지는 잘 모르겠습니다. 그냥 맡은 일을 해내는 것에 집중하는 것 같기도 합니다.

춤을 추고, 모두가 젊고 활기차고 쾌활하게—
수십 년 후 우리는 잊힌 비디오테이프를 발견한다
그리고 우리의 아들들은 어리둥절하고 불안하게 보다가 큰 소리로 말한다.
엄마, 엄마는 정말 아름다웠네요! 그녀는 아름다웠다. 우리 모두 그랬다.
도시를 제외한 모두가. 도시는 엉망이었고 그다음에는
재개발 프로젝트였고 지금은 특권층의 놀이터이고
머지않아 다른 것이 될 것이다, 꿈처럼 유동적으로.
제국은 뜨고 지고, 우리의 것도 잇달아 사라지고, 도시마저도
후퇴할 것이다, 서서히, 대서양의 수면이 올라오면서.
하지만 물이 끝이 아니다. 벽돌은 점토와 모래로 만들어
그것들이 분해될 때, 진흙으로 돌아갈 때,
우리만큼이나 유능한 손이 다시 새 벽돌을 만들 것이다.
사람들은 반쯤 잠긴 아파트에서 살고 사람들은
월스트리트를 따라 은행 기둥에 묶인 선상 가옥에서 살 것이다.
모두 잠기고 있다, 동부 해안 전체가.

X.

피터 N. 밀러: 이제 마지막 질문인 것 같은데요. 다시 처음으로 돌아가서, 어디에서 리서치의 방법을 배웠나요? 리서치라고 부를 수 있는 것을 처음 했을 때를 기억하십니까?

마리나 러스토우: 비유하자면 선사 시대와 역사 시대가 있겠네요. 먼저 선사시대부터 말하자면, 저는 고등학교 때 졸업 논문을 어떤 이유에서인지 스콧 피츠제럴드(F. Scott Fitzgerald)의 『위대한 개츠비』 원고에 대해 썼습니다. 그 원고는 제가 현재 가르치는 곳이기도 한 프린스턴 대학교 도서관에 있습니다. 최근까지도 몰랐던 일이에요. 아니면 그때는 알았지만 잊어버렸을지도 모르죠. 원고를 읽고, 인간의 손과 정신, 그리고 텍스트 사이의 관계를 이해하는 과정에서 뭔가를 느꼈고, 그 점이 저를 매료시켰던 것 같아요. 제가 대학교에 다닐 때, 아버지가 예술가이자 인쇄업자여서 편지 인쇄 타이포그래피를 할 줄 아는 친구가 있었습니다. 친구가 저에게 그 방법을 가르쳐 줬어요. 역시나 저는 어떤 물질적인 측면에서 필사본 같은 것들을 인쇄물로 변환하는 과정에 흥미를 느꼈습니다. 물론 이 대답은 정확하게 리서치에 대한 것은 아닙니다. 하지만 저는 이런 탐구의 경험에 빗대어 리서치에 대한 이해를 한 것 같습니다.

물론 실제로 유대-아랍어 문헌들을 앞에 펼쳐 놓고 해독할 때, 제가 훈련받은 방법은 아주 깊은 미지로 몸을 던지는 것이었습니다. 책상에 앉아 원고를 마주하고, 자신만의 두뇌로 그걸 읽으려 노력하는 겁니다. 인쇄된 것을 보는 건 반칙이지만 저는 학생들에게 익숙한 것에서 미지의 것으로 나아가라고 가르칩니다. 가능한 한 많은 필사본의 인쇄판을 찾아 그걸 인쇄판과 비교한 다음에 비로소 훈련용 보조 바퀴를 떼어내는 겁니다. 이런 기준이 현실적이라고 생각해요. 하지만 제 세대에는 인쇄판 텍스트를 보는 것은 "반칙"이라며 많은 죄책감을 느끼도록 만들었는데, 지금은 그런 기준이 혼란스럽죠.

피터 N. 밀러: 테리, 리서치를 처음 접했을 때를 기억하나요?

테리 플랭크: 저는 델라웨어 광물학회(Delaware Mineralogical Society)의 최연소 회원이라는 기록을 가지고 있었어요. 아마 8살이나 7살이었을 거예요. 저는 델라웨어의 월밍턴에 있는 채석장 주변에서 자랐고, 8살 때부터 그 지역의 암석을 공부했습니다. 제 침실에는 현미경이 있었어요. 저희 부모님은 둘 다 화학자이고, 델라웨어 사람들 모두가 그렇듯 듀폰트(DuPont)에서 일하십니다. 저는 지질학을 공부하기 위해 다트머스 대학에 다녔죠. 다시 말해, 한 번도 한눈판 적이 없어요. 저는 항상 지구 표면을 관찰하고, 그걸 집으로 가져와서 현미경 앞에 붙여놓는 것에 매력을 느꼈으니까요. 달라진 게 있다면 단지 제 현미경이 더 화려해졌다는 점이에요. 제가 실제로 하는 일은 화학입니다. 멋진 지구화학적 기구들을 가져와서 측정에 도움을 줄 수 있는 동료들을 찾고, 최고의 실험실에 가고, 실험실에서 해야 할 일들을 하고, 사람들이 여태껏 보지 못했던 측정을 하는 것입니다.

피터 N. 밀러: 안-미는요?

안-미 레: 제 사진에 관한 리서치의 대부분은 액세스 권한을 얻는 것입니다. 또 어떤 것이 사진의 재료가 될 수 있는지 그 가능성을 평가하고, 원하는 결과를 얻는 거죠. 하지만 액세스를 얻는 것에 관해서는 아주 느리게 배웠다고 생각합니다. 저는 앞서 말했던 LA 외곽에 있는 29 팜스(29 Palms)에서 사진을 찍고 싶었어요. 그리고 군대에 있었던 베트남 친구 중에 레인저(ranger)였던 친구가 있었습니다. 친구는 군사 역사를 가르쳤고, 베트남 주재 미국 대사관에서 통상 군사 부관으로 일했습니다. 제 친구는 저에게 공보부 전화번호를 찾아서 그들에게 전화하라고 조언했어요. 그래서 정말인지 물었더니 그렇다고 답하더군요. 그래서 그냥 공보부에 전화를 걸어 설명했습니다. “저는 풍경 사진을 찍는 사진작가입니다. 군사적 노력을 촬영하는 것에 관심이 있습니다.” 아주 중요한 단어들이죠. 그랬더니 그들은 “좋습니다. 이 내용을 우편으로 보내주세요.”라고 말했습니다. 그래서 편지에 같은 설명을 반복했고, 공보부의 초청을 받았습니다. 제가 계속해서 시도해왔던 일입니다. 너무 많은 정보를 내보이지 않으면서 자신이 무얼 하려는 지 설명해 내는 그

적절한 균형을 찾는 거죠. 그런 다음 작업이 완료되면 제 작품을 전시할 계획이며 다른 사람들이 군 기지나 선박에 관해 더 많이 알 방법이라는 이야기를 합니다. 이런 말들이 효과가 있는지 없는지 전혀 알 수 없기 때문에 여전히 답답하죠. 하지만 사람들은 제가 액세스 권한을 얻을 수 있는 마법 지팡이를 가지고 있다고 생각하는 것 같아요.

피터 N. 밀러: 리서치의 마법 지팡이가 있다면 얼마나 좋을까요.

테리 플랭크: 잠수함에는 어떻게 접근 권한을 얻었는지 알고 싶습니다.

안-미 레: 아, 그건 정말 흥미로운 이야기였어요. 해낼 거라곤 생각도 못 했어요. 북극에 근접하는 핵잠수함이라니요? 제 큰 꿈이었고, 바로 포기한 꿈이기도 했습니다. 내신에 해인경비대 쇄빙선을 탔죠. 저의 오랜 해양 프로젝트의 일환으로 해군과 함께 전 세계를 여행하며 작업했습니다. 처음에는 아주 작은 것에서 시작했죠. 바다에서 해군 함정 사진을 찍고 싶다는 생각이 전부였어요. 그리고 그들과 여행하면 할수록, 그들이 한 모든 걸 알게 됐죠. 그들이 과학을 지원하는 방법, 잘한 것들, 실수들, 관타나모 수용소, 모든 것에 대해 알게 되었습니다. 9년짜리 프로젝트가 됐죠. 뉴욕에서 공보 장교 세 명은 거친 것 같아요. 그들은 3년 동안 복무하는데, 저의 두 번째 공보 장교가 복무 중일 때 하루는 공보실에서 제게 전화를 걸었어요. "무엇을 하고 있나요? 아직도 책을 쓰고 있습니까?" 아마 그들은 제가 그냥 돈이나 쓰면서 해군과 함께 여행하는 걸 좋아하는 미친 사람이라고 생각했을 것입니다. 그래서 저는 "사실 지금 뉴욕에서 전시회를 하고 있어요. 와서 보시겠어요?"라고 말했어요. 항상 그들을 전시에 초대하는 것을 피해 왔는데, 전시회 내용 중에 그들을 화나게 할 무언가를 볼지도 모르고, 그러면 제 액세스를 영원히 차단할까 봐 두려웠기 때문입니다. 하지만 이번에는 그들을 초대했어요. 저는 MoMA의 사진 큐레이터였던 친구에게 지원을 요청했습니다. 그래서 공보실 직원 두 명이 왔고, 제 친구 수전이 그들을 맞이했습니다. 그래서 사진들을 설명해 주다가, 수전이 "다음 주에 저와 MoMA에서 식사를 같이하시겠어요?"라고 말했죠. 그러기로 했고, 해군들은 우리가

〈Events Ashore〉 베트남으로 귀환하는 미국 선원들, 베트남 인민해군과 미 해군의 첫 교류 활동, 베트남 다낭(Da Nang), 2009.
© 안-미 레. 뉴욕, 파리, 런던 소재의 굿맨 갤러리(Goodman Gallery)와 예술가 제공

아는 그 흰 제복까지 차려입고 왔습니다. 그리고 제 생각에는 그때 매우 감명을 받은 것 같습니다. 바로 다음 주에 제게 이메일을 보내서 이렇게 말하더군요. “북극해에서 잠수함을 실험해 보는 중인데, 하룻밤 묵으러 오시겠습니까?”

테리 플랭크: 네, 네!

안-미 레: 아무튼, 이야기가 길죠.

테리 플랭크: 끈기에 대한 거죠.

톰 조이스: 저는 고등학교를 마치지 못했기 때문에, 결과적으로 연구할 아이디어를 어디서든 찾아낼 수 있다는 점에서 세상은 활짝 열려있었습니다. 제가 자란 엘 리토라는 마을은 거의 어디에나 놀라운 개성을 가진 사람들이 많았어요. 이 마을 사람들 모두 상대가 그들의 정보 공유를 신뢰하게 하는 힘을 갖고 있었죠. 그들이 농부든, 포솔레와 콩을 넣고 만든 요리(Pozole and beans)을 만드는 법을 가르쳐주는 사람이든, 집을 짓기 위해 숲에 올라가서 라티야(latilla: 비가스 사이를 채우는 속, 종종 지름이 작은 가지의 껍질을 벗겨 만든다)와 비가스(vigas: 전통적으로 어도비 건축물에서 서까래로 사용되는 새싹 목재)를 까는 일을 하는 사람이든, 진흙으로 어도비 집을 짓는 방법이든, 그 정보가 무엇이든 간에 사람들이 신뢰를 갖도록 했죠. 이런 부분이 아주 유익했습니다. 어떤 방향으로도 나아갈 수 있는 호기심의 진행 궤도를 만들었고요. 하지만 이런 정보가 여러 방면에서 유용하다는 것을 알게 된 특정 지점이자 정제가 일어난 시점이 있었습니다.

실라 니런버그: 잘 모르겠어요. 저는 어릴 적부터 무언가를 알아내려고 하는 성격이었어요. 그때 저는 작가가 되고 싶었습니다. 하지만 정답을 찾고 싶었기 때문에 저는 문학에서 심리학으로 옮겨갔습니다. 그리고 심리학이 아주 엄밀하지 않다고 생각했기 때문에 또 계속 일했습니다. 결국 신경과학 분야에 이르렀고, 이 분야 역시 제가 알고자 했던 측면에서

아주 엄밀하지 않았습니다. 그래서 수학을 공부했습니다. 시간이 오래 걸렸어요. 그땐 이미 20대였고요. 저는 대학원을 늦게 시작했어요. 많이 늦게 시작한 건 아니지만, 남들보다는 늦게 시작한 거예요.

과학이라는 것에 대해 한 가지 말씀드리고 싶습니다. 여러분 중에 과학자가 몇 분이나 계실지 모르겠지만, 과학자는 여러분이 생각하는 직업이 아닙니다. 논문을 쓰고 분량을 채우는 이 행위는 많은 사람을 떠나게 했죠. 진정한 발견 같은 걸 그냥 할 수는 없었고, 그 때문에 독창적이고 혁신적인 많은 사람이 이런저런 이유로 떠났습니다. [히데오에게] 새로운 분야로 진출하셨죠. 저는 회사를 차렸습니다. 더욱 합리적인 방법으로 과학 연구를 할 자유를 갖기 위한 회사입니다. 하지만 위험한 선택이기도 하죠. 시장에 맞춰 움직이는 걸 원하는 건 아니니까요. 하지만 저 역시 어둠 속에 있습니다. 저는 충족되지 않을 필요성에 답을 하는 중입니다. 하지만 현학적인 사람—사고의 상상력이 없는 사람이라고 말하는 게 가장 걸맞겠군요.—에게 동료 심사를 받는다면, 연구비 지원을 그런 식으로밖에 할 수 없도록 강요합니다. 어느 시점에서 이렇게 말하게 됩니다. "됐습니다. 그냥 돈이나 모아서 연구비 지원이 나오지 않는 일을 할 겁니다. 의미가 있고, 목적성이 있는 질문에 답하고, 내 안의 무언가를 만족시키거나, 세상을 더 좋게 만들 일을 할래요." 과학계가 이렇다는 것은 유감스러운 일입니다. 왜 그런 지는 모르겠지만, 그런 식으로 되고 있어요. 제가 이걸 잘 전달하고 있는지 모르겠습니다.

<u>히데오 마부치</u>: 네. 100% 동감입니다. 그리고 또 안타까운 점은 과학이 정말 비용이 많이 든다는 거죠. [웃음]

<u>실라 니런버그</u>: 히데오의 경우에는, 분야가 물리학이기 때문에 많은 논문의 저자가 400명 정도인데다 거대한 장비들을 쓰는 거죠?

<u>히데오 마부치</u>: 과장이 아닙니다. 물리학계의 일부에서 분명히 사실입니다. 제 분야의 물리학에서는 아니지만, 사실입니다.

<u>실라 니런버그</u>: 좋아요. 하지만 저는 여전히 저자가 둘 뿐인 논문을 발표할 수 있고,

우리 분야는 그래도 아직 조금 차분한 편이에요. 필요로 하는 장비도 그리 크지 않고요. 그러니까 어떤 면에서는 조금 덜 정치적이기도 합니다. 물리학에서는 적절한 기계를 쓸 수 있는 적절한 사람을 알지 않으면 실험을 할 수 없기 때문에 그런 일들이 더 많죠.

피터 N. 밀러: 기계를 언급하셨잖아요. 기계도 리서치를 할 수 있을까요?

마리나 러스토우: 제가 끼어들어도 될까요? 인공지능은 제가 처음 학문을 시작했을 때만 해도 전혀 예상하지 못했던 방식으로 제 분야의 혁신을 가져왔습니다. 두 가지 방식의 변화인데, 하나는 이미 일어났습니다. 굉장하죠. 컴퓨터 비전을 사용하여 흩어진 원고 조각들을 다시 하나로 맞추는 겁니다. 항상 성공하지는 않지만 그걸 지켜보는 건 놀라운 일입니다. 우리가 하는 일의 속도를 확실히 증가시켰습니다. 즉, 잘린 절반을 읽을 때보다 편지 전체를 읽는 게 훨씬 더 좋죠. 이 알고리즘들은 2012년쯤 온라인에 공개되었습니다. 이 프로그램을 처음 시도했을 때, 제가 작업해왔던 15세기의 문서를 입력했습니다. 위쪽 절반밖에 없는 문서였어요. 그리고 저는 15세기의 문서라는 것을 몰랐습니다. 고 서체를 바탕으로 추측했을 뿐입니다. 그리고 이 알고리즘을 처음 써봤을 때, 아래쪽 절반을 찾았어요. 하단에는 날짜가 적혀 있었고, 1463년이었습니다. 방금 일어난 일이어서 믿을 수 없다고 생각했던 기억이 나요. 소프트웨어가 항상 옳은 것은 아니지만, 많은 발전을 이뤘습니다.

두 번째 변화는 지금 일어나고 있습니다. 그래서 저도 예측하기 어렵습니다. 바로 필기 텍스트 인식인데, OCR(광학 문자 인식)과 비슷하지만 필사본 문서에 사용됩니다. 처음에 저는 매우 회의적이었습니다. 컴퓨터를 훈련해 때때로 인간들이 읽을 수 없는 필체를 읽도록 하는 것입니다. 인간이 필체를 읽을 수 있다고 해도 해야할 작업이 너무나도 많죠. 개념 자체는 특정한 양의 확실한 정보를 프로그램에 입력하는 겁니다. 예를 들어, 11세기에 히브리 문자로 쓰인 500자의 문자를 입력합니다. 그러면 그 기계가 11세기의 다른 문자를 읽도록 가르칠 수 있습니다.

세계 각지에 히브리어, 아랍어, 시리아어, 라틴어로 이 작업을 하는 팀들이 있습니다. 처음에는 학생들에게 고 서체 수업을 제공하지 않을 것으로 예상해서 걱정도 했습니다. 학생들이 해독할 줄은 알아야 한다고 생각했어요. 그런데 이 프로그램이 완전히 보완적인 도구라는 걸 깨달았습니다. 컴퓨터가 특정한 일을 하게 하고 나면 인간의 눈으로 어떤 작업을 하고 있었는지 더 깊이 이해하게 된다는 거죠. 이것이 최근 시작된 일입니다. 매우 흥미롭죠.

테리 플랭크: 마리나의 분야는 훨씬 많은 발전을 했군요. 저희는 아직 진행 중이에요. 우리가 연구하는 화산에는 머신 러닝 알고리즘이 내장되어 있습니다. 분화 전조 현상은 어떻게 보이는가? 이러한 패턴을 살피는 것이 유용한가? 하지만 아직 완전히 알아낸 건 아니죠. 대부분의 경우 아직 데이터를 수집하지 못했습니다.

안-미 레: 저는 아주 오래된 기기와 아주 새로운 기기를 함께 사용합니다. 저는 여전히 영화 촬영에 사용되는 5×7 대형 포맷 뷰카메라를 가지고 다닙니다. 필름을 로딩해서 다크 박스에 넣어야 하는데, 저는 필름을 스캐해서 포토샵으로 출력해요. 아주 선명하고 큰 파일을 가진 디지털카메라도 있지만, 제 네거티브의 사이즈가 디지털카메라가 아직 줄 수 없는 일종의 물리적 경험을 준다고 생각합니다. 제 프린트에 3차원적 경험을 제공하는 거죠. 물론 디지털카메라를 사용하면 제 작품보다 더 선명하겠지만, 제 방식대로 해야만 사물들이 단순히 쌓여 있다는 느낌을 피할 수 있습니다. 서로의 앞뒤에 있는 사물들 사이에 공기가 흐르고 있는 느낌을 주죠. 그래서 지금도 필름을 사용하고 있습니다. 하지만 포토샵도 많이 사용합니다.

히데오 마부치: 대화를 마치기 전에, 리서치에 대해 한 가지 더 말하고 싶은 것이 있어요. 구체적으로 과학에 관한 것이라기보다는, 이 모든 주제에서 중요한 건 각자의 열정을 전문화하는 것으로 생각합니다. 이건 정말 길을 찾기 힘든 일이죠. 학계에서 좋은 점 한 가지는, 10년 안에 자신이 해왔던 과학적 연구를 바탕으로 안정적인 직업을 가질 수 있다는 점과 하고 싶은

유리 어항 속에는 작은 분홍색 조약돌과 가라앉은 플라스틱 성,

일을 교육 이니셔티브와 같이 자유롭게 할 수 있다는 것입니다. 그건 정말 좋은 환경이죠.

적어도 물리과학에서 저희는 엄밀함을 아주 훌륭하게 가르치고 있다고 생각합니다. 반면에 앞서 언급되었던 두 가지 방식의 교육적 측면에서 학생들에게 창의적이고 좋은 주제를 고르는 법을 가르치는 일은 형편없이 하고 있다고 생각하죠. 저는 항상 제가 대학 다닐 때를 회상합니다. 제가 들었던 수학이나 물리학 수업의 과제는 매주 그 주의 수업 내용과 관련된 문제들의 목록을 푸는 것이었습니다. 누군가가 문제를 내면 제가 그것들을 푸는 거죠. 반면에 문학 수업이나 철학 수업에서는 "여기 책이 있습니다. 이 책에 대해 재미있는 것을 말해 보세요." 같은 식이죠. 하지만 결국 여러분을 좋은 연구자로 만드는 데 중요한 건 두 번째 방식입니다. 왜냐하면 훌륭하고 영향력 있는 연구자가 되는 일은 다른 사람들이 생각하지 못한, 중요한 핵심을 파고드는 좋은 질문을 하는 것에 더 가깝기 때문입니다. 그래서 저는 이것이 우리 분야가 잘 가르치지 못하는 매우 중요한 기술이라고 말하고 싶습니다. 하지만 리서치를 잘 해내는 것의 핵심에 있는 문제입니다.

그리고 아이의 얼굴이 슬레이트 창에 새겨졌다.
물고기는 유령처럼 엄숙하게 헤엄쳐 지나가고 아이는 슬프게 웃는다.
아마도 꿀벌이 물에서 수분하는 방법을 궁금해할지도 모른다.
그는 조금 우울해 보인다. 고향을 그리워하는 것일지도.
다양한 인류의 꿀이 덮인 벌집,
과한 향수로 적셔진 위풍당당한 오물의 대도시
성의 문이 열리고 소년이 나온다.
조심스럽게 달을 밟는 우주비행사처럼.
그가 어항의 휘어진 렌즈를 통해 우리를 볼 때,
절망적이고 잘못된 열정으로 그를 바라보는 우리를 볼 때,
우리는 과거만큼이나 우스꽝스럽게 거대하고, 그는 미래만큼이나

잭슨 맥그래스 제공. 해안가, 하버스트로(Haverstraw), 뉴욕. 디지털 사진

유령 같은 작은 손을 흔들어 우리에게 작별의 인사를 한다.

애니 도슨은 연극 감독이자 작가로, 기계와 인간 사이의 복잡한 인터페이스를 연극화한 작품을 제작합니다. 도슨이 이름 붙이고 제작한 "알고리즘 극장"에서는 공연마다 알고리즘 기반 텍스트가 실시간으로 생성됩니다. 〈The Great Outdors〉(2017)와 같은 최근 작품에서 도슨은 디지털 세계의 사회적 상호 작용에 초점을 맞추며, 인터넷의 방대한 코퍼스(corpus)를 우주의 광대함과 병치합니다. 관객들은 공기를 주입하면 팽창하는 플라네타륨 안에 누워 머리 위에 있는 별들을 전시해 놓은 것을 보며, 공연자는 인터넷상의 채팅방, 댓글 타래 및 메시지 보드에서 긁어모은 일상적이고 지극히 개인적이기도 한 텍스트를 읽습니다. 인공지능이 떠오르며 발생한 창조적 가능성을 연구하는 도슨은 연극의 정의에 이의를 제기하는 동시에, 또한 비인간의 지능이 일, 문화, 사회적 관계의 본질을 깊이 변화시키는 방법에 대해 사유하도록 합니다. 애니는 예일 대학교에서 학사(1996)와 석사(2000) 학위를 받았으며, 그녀의 다른 작품으로는 〈Infinite Sun〉(2019), 〈The Slow Room〉(2018), 〈Spokaoke〉(2012) 등이 있고, 〈Passing Strange〉(2008)의 공동 창작자이자 감독이었습니다. 그녀의 작품은 뉴욕 퍼포먼스 공간 Performance Space New York(이전의 PS 122), 브루클린 음악원, On the Boards, 시카고현대미술관, 스코틀랜드 국립 극장, 파리 시립 극장과 같은 여러 퍼포먼스 공간에서 공연되었습니다. 도슨은 2017년 시카고 대학교의 연극 및 공연 연구 위원회에서 방문 조교수로 재직하고 있습니다.

엘로디 게딘은 생물의학 연구자로 인간 병원체에 대한 주요 통찰을 얻기 위해 게놈 서열 분석 기술을 사용합니다. 뉴클레오타이드 서열 데이터를 얻을 수 있는 기술은 꾸준히 가속화되고 있는 것에 반해, 결과 데이터를 분석하고 주석을 다는 등 노동 집약적인 작업(유전자와 그 기능 및 발현 식별, 게놈 내 유전자 배열 결정, 계통 발생 및 기능 비교 등)은 뒤처지는 추세입니다. 게딘은 인간에게 가장 치명적인 병원균의 작용을 해독하기 위해 수십 명의 과학자를 조직화한 국제 프로젝트의 리더로 자리매김하였습니다.

연구의 주요 초점은 리슈마니아증, 수면병, 샤가스병, 코끼리병, 그리고 강맹증과 같은 열대 기후에서 고유한 질병을 일으키는 기생충입니다. 본인의 직접적 리서치와 세계적인 과학계의 협력을 동원한 게딘의 연구는 다양한 기생충들의 분자 생리학 간 유사점과 차이점을 밝혀내며, 약물 개발 목표에도 의미 깊은 작업입니다. 또한 게딘은 동료들과 함께 인간을 감염시키는 바이러스를 이해하는 데에도 비슷한 접근법을 적용하고 있습니다. 특히 에이즈나 독감과 같은 RNA 바이러스는 빠르게 변이하여 백신 개발을 어렵게 만듭니다. 뉴욕 지역에서 수집된 수천 개의 독자적 인플루엔자 A의 게놈 서열을 완전히 분석한 고해상도 연구에서, 게딘과 동료들은 그 바이러스가 제한된 지역적 경계 내에서도 놀라운 속도로 진화한다는 것을 보여주었습니다. 기생충학과 바이러스학에 기여함으로써 게딘은 분자 유전학이 병원균의 기본 생물학을 탐구하는 데 필수적일 뿐만 아니라 전 세계의 공중 보건을 향상시키기 위해 협력하는 과학자들에게 강력한 도구임을 증명합니다.

톰 조이스는 조각가이자 철 단조 예술과 과학에 기여한 이 분야의 가장 뛰어난 전문가 중 한 명으로 널리 인정받고 있습니다. 어릴 적 뉴멕시코의 엘리토의 시골 농가에서 대장장이로 훈련을 받은 조이스의 작품들은 철을 주요 매개체로 사용하는 것의 물리적, 환경적, 정치적, 역사적 의의를 연구합니다. 뉴멕시코의 산타 페와 벨기에 브뤼셀의 스튜디오를 비롯하여 미국의 여러 산업용 단조 및 주조 공장 시설에서 작업하는 그는 멀티미디어 설치, 몰입형 사운드스케이프, 비디오 프로젝션, 사진, 그리고 이전에 사용된 후 특정한 역사를 부여 받은 물질 등을 통해 자신의 관심 분야와 탐구 결과를 표현합니다.

히데오 마부치는 물리학자로, 양자 행동에 대한 이해를 넓히기 위해 광학 방법을 사용합니다. 마부치의 연구는 열역학적 과정이 양자 행동을 감추는 방법과 그들의 상호작용이 중요한 실용적 용도로 어떻게 활용될 수 있는지를 탐구하기 위한 실험적 수단을 제안합니다. 또 광학 트래핑 프로토콜을 사용하여 양자 행동에 대한 외부 변화와 영향을 조사합니다. 마부치는 특히 양자 시스템의 장기적인 동적 진화를 조사하는 데

초점을 맞춘 리서치를 통해 기초 물리학 및 실제 응용 분야에서 미래를 위한 발전 토대를 마련하고 있습니다. 또한, 양자 및 열역학 영역의 교차 지점에 있는 물리학은 3차원 구조에 그 기능을 의존하는 큰 생체 분자의 구성을 알아내는 데 중요한 역할을 할 수 있습니다. 마부치는 프린스턴 대학교에서 물리학 학사(1992) 학위를 받았고 캘리포니아 공과 대학(Caltech)에서 물리학 박사(1998) 학위를 받았습니다. 그는 캘리포니아 공과 대학에서 9년 동안 물리학, 제어공학 및 동적 시스템 전공의 교수로 재직했으며 2007년부터 스탠퍼드 대학교의 응용 물리학 교수로 재직했습니다. 마부치는 2010년 9월부터 응용 물리학부의 학장으로 재직하고 있으며, A.P. Sloan Foundation Research Fellowship, Office of Naval Research Young Investigator Award, 산타 바바라 대학교에서 수여된 첫 번째 Mohammed Dahleh Distinguished Lectureship을 수상했습니다.

캠벨 맥그래스는 시인으로 서정적 기교와 지적인 폭, 유머가 돋보이는 작가입니다. 맥그래스의 최근 책으로는 『Nouns and Verbs: New and Selected Poems』(Ecco Press, 2019)와 2016년 퓰리쳐상(Pulitzer Prize)의 최종 후보였던 『XX: Poems for the Twentieth Century』가 있습니다. 그의 다른 작품과 마찬가지로 최근 두 작품에서 맥그래스는 미국의 사회적, 문화적, 자연적 분야를 그리며 개인적 경험과 날카로운 역사의식을 결합합니다. 그의 원대한 비전, 날 것의 에너지, 현대 세태의 미묘함을 포착하는 예민한 청각을 비평가들은 앨런 긴즈버그(Allen Ginsberg)와 윌리엄 칼로스 윌리엄스(William Carlos Williams)와 비교합니다. 비록 그의 작품은 우리의 시대와 사회를 반영하지만, 맥그래스는 자신만의 독특한 목소리를 통해 상징성과 일상적 디테일을 사용하여 이미지와 은유를 축적하는 확장적 산문 시인입니다. 맥그래스는 필립과 패트리샤 프로스트의 크리에이티브 글쓰기 교수이자 플로리다 국제대학교의 영문학 교수로 재직 중이며, 『Capitalism』(1990), 『American Noise』(1994), 『Spring Comes to Chicago』(1996), 『Road Atlas』(2001), 『Florida Poems』(2002), 『Pax Atomica』(2004)의 저자입니다. 그의 작품은 파리 리뷰와 케년 리뷰(Kenyon Review)와 같은 문학 저널에 발표되었습니다. 맥그래스는 시카고 대학교에서 학사(1984) 학위를 받았으며 컬럼비아 대학교에서 석사(1988) 학위를 받았습니다.

피터 N. 밀러는 바드 대학원센터의 학장으로 역사적 리서치의 역사를 연구합니다. 밀러는 역사가들이 어떻게 "생존"을 증거로 변화하는지에 관해 관심이 있습니다. 그의 연구는 초기 현대 유럽 고물주의와 오랜 연관성을 지니며 고물주의가 역사학자들이 일하는 방식에 끼친 지속적인 영향으로부터 시작하였습니다. 최근 출판물에는 『History and its Objects: Antiquarianism and Material Culture Since 1500』(코넬 대학교 출판부, 2017)와 『Peiresc's Mediterranean World』(케임브리지: 하버드 대학교 출판부, 2015) 등이 있으며, 미시간 대학교 출판부에서 출판한 BGC의 책 시리즈 『Cultural Histories of the Material World』의 편집자이기도 합니다. 밀러는 케임브리지 대학교에서 박사 학위를 받았으며, 하버드 대학교에서 학사 및 석사 학위를 받았습니다.

안-미 레는 1960년 베트남의 사이공에서 태어났습니다. 레는 베트남 전쟁의 마지막 해였던 1975년에 가족과 함께 10대 시절, 베트남을 탈출하여 정치적 난민으로 미국에 정착했습니다. 레는 스탠퍼드 대학교에서 생물학에서 학사 및 석사(1981, 1985) 학위를 받았고, 예일 대학교에서 석사(1993) 학위를 받았습니다. 그녀의 사진과 영화는 전쟁의 영향, 결과 및 묘사의 방식을 탐구합니다. 컬러와 흑백을 모두 사용하는 그녀의 사진은 자연의 풍경과 그 풍경이 전쟁터로 바뀌는 격렬한 변화 사이의 모순점을 보여줍니다. 레의 프로젝트에는 전쟁으로 피폐해진 시골에 대한 그녀의 기억이 현대적 풍경과 조화를 이루는 〈Viêt Nam〉(1994-98), 사우스캐롤라이나에서 베트남 전쟁 재현을 직접 촬영하고 참여한 〈Small Wars〉(1999-2002), 그리고 캘리포니아 사막에서 가상의 중동을 재현하여 전개 시나리오를 준비하는 미국 해병대 〈29 Palms〉(2003-04) 등이 있습니다. 다큐멘터리와 연출 사진이라는 두 시각적 전통을 모두 계승하는 그녀의 작품은 역사적 사건으로서의 전쟁과 현대의 오락, 정치, 집단의식에서 어디에서나 볼 수 있는 전쟁 표현 사이의

괴리를 탐구합니다.

실라 니런버그는 신경과학자로 뇌가 시각 정보를 어떻게 인코딩하는지에 대한 근본적 질문을 탐구하며 광수용체 세포 변성 후 시력을 회복하기 위한 대안을 개발하고 있습니다. 포유류의 시각 감각 시스템에서 망막의 광수용체 세포는 이미지나 시각 패턴과 같은 형태로 외부 세계로부터 정보를 받아들입니다. 이 정보는 망막 회로를 통해 신경절 세포로 전달되고, 신경절 세포는 뇌가 그것을 이해할 수 있는 신경 코드로 변환합니다. 전 세계적으로 약 2천만에서 2천 5백만 명의 사람들에게 발병하는 황반변성과 망막염 색소증과 같은 질병의 경우 역시, 악화되는 광수용체 세포가 더 이상 시각 신호를 수용하지 못할 때 시력이 손실됩니다

테리 플랭크는 지구 화학자로 지구의 지각 형태를 형성하는 가장자리에서 연구를 진행합니다. 테리의 리서치는 지각판이 충돌하여 한 판이 섭입대에서 다른 판 아래로 밀려날 때 일어나는 현상을 연구하는 데에 집중합니다. 이러한 충돌은 엄청난 열을 발생시키기 때문에 종종 화산으로 이어지는데, 플랭크는 이 화산을 보이지 않는 표면 깊은 곳에 존재하는 화학적, 물리적 힘을 들여다볼 수 있는 창으로 사용합니다. 초기 연구에서 테리는 암석이 섭입 구역으로 들어가는 깊은 중심부의 샘플에 있는 미량 금속을 분석했고, 그것을 관련 화산에서 분출된 마그마와 비교하여, 마그마가 지구의 맨틀에서 형성된 완전히 새로운 암석이 아니라 예기치 않게 섭입된 지각에서 나온 물질들을 포함하고 있다는 것을 발견했습니다. 최근에 테리는 화산암의 화학적 구성이 암석이 형성되는 지점, 즉 섭입판이 맨틀과 교차하는 지점의 온도를 반영한다는 것을 증명했으며, 이 데이터는 지각 지구 물리학의 정확한 모델링에 필수적입니다. 또한 물을 가두는 특정 화산 광물에 대한 테리의 관찰은 그들이 섭입 구역에서 암석 형성의 지구 화학에서 중요한 역할을 한다는 것을 보여줍니다. 비록 지각판의 운동이 지진, 화쇄암 흐름, 간헐천과 같은 지구의 가장 극적인 볼거리를 촉발하지만 판 구조론의 과학은 아직 초기 단계에 머물러 있습니다. 플랭크는 공들여 진행하는 현장 작업, 세심한

분석 및 깊은 통찰력으로 자연의 힘을 움직이는 열과 화학의 놀랍도록 강력하고 복잡한 상호작용에 대해 밝혀내고 있습니다.

마리나 러스토우는 카이로 게니자 텍스트를 사용하여 유대인의 삶과 중세 중동 전반의 사회에 대해 새로운 시각을 제시한 역사가입니다. 카이로 게니자(또는 Genizah)는 수십만 개의 법률 문서, 서신 및 문학 자료로 구성되어 있으며 그중 많은 부분이 조각으로만 남아 있고, 천 년 이상의 세월 동안 카이로의 벤 에즈라(Ben Ezra) 회당에 쌓여 있었습니다. 이 아카이브에서 러스토우의 작업은 문서를 해독하는 그 자체로 가공할 만한 과제를 넘어 피지배자와 중세 국가 간 관계에 의문을 제기하고 그 관계가 권력과 종교적 경계의 협상에 대해 암시하는 것을 연구합니다. 러스토우의 현재 작업은 파티미드 칼리파(Fatimid caliphate)의 아랍 문자로 된 게니자 문서의 연구입니다. 러스토우는 이슬람과 유대인 공동체 둘 모두의 양방향 관점에서 자료를 해석하며 게니자 문서에서 칼리프 국가의 통치법과 유대교, 기독교인, 이슬람교 피지배자의 반응을 연구할 수 있는 자료를 발굴하고 있습니다.

캠벨 맥그래스
양키 스타디움의 폐허에서 *At the Ruins of Yankee Stadium*

사월의 그 일주일, 사자들이 빛나기 시작하는 그 일주일,
카페 테이블은 셀피를 위해 놓이고, 창문은 고무 청소기로 닦였고,
톰킨스 광장 주변 울타리 기둥은 새로 페인트칠 되었다.
한때 옛 정키들의 피난처이자 불미스러운 비둘기들의 피난처
이곳은 오늘날에 프렌치 불도그와 관상용 튤립으로 가득하고
낡고, 익숙하고, 쫓아내지도 못하는 흙 위로 덧붙여졌다.
소파에 누워, 나는 대화 소리를 따라 떠돈다.
꿀벌의 대화 소리, 목을 긁는 듯한 그 웅성거리는 소리는
녹슨 풍경의 쇠줄 소리를 뒷받침하며, 매달린 채 잊힌 풍경은
무성하게 자라 뒤편에 고립된 너도밤나무에서,
불꽃 같은 네온-그린의 어린잎들이 자란 부스스한 나뭇가지에서,
담요처럼 덮인 하얀 꽃 사이로 뻗어져 나왔다.
꽃은 가장 호화로운 봄이 오래 방치된 증거,
순수하고도 무성한 과실이 미쳐 날뛰어 버린 것이다.
엄밀한 연구를 거쳐 찾아낸 두 가지 방언 그 중
하나는 약탈 속을 윙윙거리며 날아다니는 검은 땅벌
그리고 꿀의 축복에 목까지 잠긴 과로한 꿀벌,
도시가 우리에게 그렇듯, 포화 상태의 꽃밥 위를 미끄러지며
꽃가루가 우리 피부를 덮을 때까지 설탕 가루가 뿌려진 것처럼,
꿀과 밀가루에 굴려진 것처럼, 케이크를 굽는 것처럼
여왕을 위해 한 것처럼 여왕은 우리와 함께한다. 지금은 봄
이것은 그녀의 대관식, 만발한 배와 능금
벚나무, 흡수조차 할 수 없는 진한 분홍색,
미를 탐내는 모든 나뭇가지 구석구석
이 자극의 폭동, 푸르른 봄날의 폭격
감각의 폭격에 나는 저항 없이 항복하였다.
하지만 너도밤나무는 그렇지 않다. 절대 흔들리지 않는다. 건장하고,
땅에 뿌리 내리고 화환을 쓰고, 장소 특성적 창조물인,
이 상냥한 거인에게 뿌리를 내리기 위한 씨앗,
너그럽고 온화한 것, 내가 우리 종보다 우월한,
이 지구의 나무에 대하여 몇 번을 생각했던가?
반영, 자기반성—나의 일은 거울을 닦는 것,
메아리를 증폭하는 것, 지금도 나는 열심히 일하며,
형언 불가한 것들을 연구한다. 나는 빈둥거리며 내 영혼을 초대한다.
월트 휘트먼은 뉴욕에서 언제나 나의 동반자이기 때문에,
뉴욕에서는 결코 홀로일 수 없는 도시의 빽빽한 시체
하지만 끊임없이 이어지는 외로움의 잔소리, 굶주림
타자의 타자성에 대한, 또 그만큼 칭송되어온 자신에 대한 굶주림
깨달음 직전의 무언가에 대한 어딘가에 대한 굶주림
그것은 모퉁이를 돌면 있는 무언가, 다섯 여섯 블록 업타운으로 가면,
브롱크스*Bronx*나 저지*Jersey*의 강 건너편에 숨어 있다.

지금 도시의 거리 어딘가에서 누군가는
생애 처음으로 사랑하는 사람을 만나고 있으며
누군가는 종이 포장에 담긴 슈냅스*schnapps*를 마시고 있고
사제인 체하는 남자와 몬티 파이튼*Monty Python*에 대해 이야기하고,
호스피스에 있는 그녀의 여동생을 방문하기 위해
누군가는 사우스캐롤라이나 행 버스를 기다리고, 누군가는 원격 회의를
하트퍼드*Hartford*, 앤트워프*Antwerp*, 오사카*Osaka*의 사무실과 진행하고
누군가는 먼지를 쓸고, 목을 가다듬고, 수레바퀴를 끌고,
칼을 갈고, 당일 매매를 하고, 요금을 지불하고, 다임을 떨어트리고
누군가를 탐탁잖게 노려보고, 벽에 소변을 누고,
누군가는 졸고, 킁킁거리고, 뒹굴고, 갉아먹고,
떠들고, 꾸짖고, 껴안고, 털어놓고,
펍을 전전하고, 돌아가며 사귀고, 뾰족구두를 닦고, 담쟁이를 다듬고,
탭 댄스하고, 보도에 발길질하고, 시궁쥐를 잡고, 이야기하고,
길을 잃고, 마약에 취하고, 체포당하고, 사람과 헤어지고,
무너져 내리고, 도망을 치고, 믿음을 잃고,
파산하고, 환경을 보호하고, 기분이 울적하고, 심하게 분노하고,
누군가는 기도하고, 버스킹하고, 시교하고, 과시하고,
경주마에 돈을 걸고, 비둘기에게 먹이를 주고, 갈매기를 구경하고,
유혹하듯 휘파람을 불고 , 목격자를 희롱하고 , 그릴을 식히고
가게 문을 잠그고 파슈토어*Pashto* 고향에 편지를 쓰거나
코사*Xhosa*에 편지를 쓰고, 실로폰 연주를 배우고, 우버 엑스를 기다리고,
모의하고, 순찰하고, 초월하고, 괴롭히고,
증언하고, 수다를 떨고, 용서하고, 훈수 두고,
굽신거리고, 새끼손가락을 걸고, 덧입혀 쌓아 올리고,
무단으로 침입하고, 배달하고 운반하고,
노란 리본으로 가로등을 둘둘 감고,
아폴리네르의 시를 떨어진 꽃잎으로 뒤덮인 벤치에서 읽고,
집을 향해 1번가를 건너기 전에 구급차가 지나갈 때까지
기다린다. 그들이 그걸 강렬하게 두려워하는 건 당연하다.
캔저스와 칸다하르의 이데올로기와 고립주의자들에게 그건
다양성과의 끊임없는 타협,
모습을 바꾸는 대중과 끊임없는 교전,
거울 유리에 반사된 햇빛처럼 다양하게 빛나는
사도의 빛 퍼즐 조각처럼. 확실히 이건
영원한 도시는 아니지만 확실히 제국적이고
전제주의적, 민주주의적, 선동적, 왕조적, 무정부적,
이상 발달적이고, 과도현실적이다. 누더기와 광자의 제국.
자신을 구성하는 벽돌로 암호화된 제국,
각 벽돌은 노동 집약적 물질성을 상징하는 각인,
매년 수억 명이 허드슨강을 건너
하버스트로*Haverstraw*와 킹스턴*Kingston*의 진흙 구덩이에서부터 건너,
1835년의 대화재 이후로 그곳은 의존성의 황무지,
채석장과 공장과 상품용 채소 농원,
그 근육질의 심장에 혈청을 전달하는, 고군분투하는 집단,

아일랜드 일꾼과 이로쿼이*Iroquois* 빔워커의 집단,
아이보이리안*Ivoirian* 우산 상인들의 집단, 모닥불을 위한 장작을 모으고
장작은 나방처럼 전 세계를 불길로 유인하였다.
나의 나무와 마찬가지로, 꿀벌의 웅성거림이 그 기쁨.
꿀을 만드는 아피스*Apis*, 호박벌, 겸손한 왕벌,
나무는 보통의 미국 너도밤나무이다.
그것은 마당을 지배하고, 고립된 가죽나무를 압도하고
콘 에드 변전소의 벽에 세게 밀쳐진 가죽나무를 압도한다.
울타리를 따라 울퉁불퉁한 회양목 관목,
녹슨 조각으로 무너진 탁자, 두 개의 벽돌 더미—
그들의 이야기는 무엇인가?—누가 그걸 만들고 카트에 담고,
그들을 안뜰에 놓고, 또 누가 이 비에 침식되고 방치된 평범한
기념물을 만들기 위해 이 모든 걸 원상태로 돌렸는가?
왜 아무도 이 작은 정원을 가꾸지 않는가?
마구잡이로 자란 담쟁이가 건물을 타고 올라간다.
곧 열매를 맺을 개머루덩굴의 밧줄과 고리를 타고,
가을이 오면 저속한 광택으로 빛날 열매, 이상한 열매,
청록색, 보라색, 하늘색.... 아, 생각의 흐름을 놓치고 말았다.
열매. 도시. 사람, 벽돌, 과거.
꽃이 핀 너도밤나무의 꿀벌. 공생. 흐름과 연결망과
순열, 바이러스가 복제하고 변이하고 진화한다.
도서관의 책들, 벽의 벽돌들, 도시의 사람들.
러들로*Ludlow* 거리 모퉁이에서 오래된 골프채를 파는 남자.
그녀의 붉고 부어오른 팔에 로션을 조심스레 바르는
F 지하철 노선을 탄 여인. 도토리—
도토리를 벤치에 앉아서 허드슨강으로 던진다 마치
내가 피터 스튜이버선트*Peter Stuyvesant* 였을 때, 월트 휘트먼이었을 때,
우리가 레나페*Lenap*와 브로드웨이에서 사냥을 하였을 때.
그러자 사슴이 사라지고, 부두가 썩고, 탑이 무너졌다.
아프리카 묘지는 콘크리트 밑에 묻힌다.
노예제도의 기억이 환유와 고의적 기억상실에 의해
가려졌듯이. 도시는 100개의 언어를 구사하고,
세 개의 강을 가로지르고, 40개의 섬을 인질로 삼는다,
도시는 기억의 열도, 본질적이고 비물질적이고
회피적이다. 증기의 자손이 새벽에 삐걱거리듯이,
유령들의 모임이 된다. 아일랜드 사람들은 워싱턴 하이츠에서
사라졌지만 나는 여전히 내가 차가운 고기찜 샌드위치를
먹는 것을 그릴 수 있다. “맥헤일의 해군”을
할머니의 오래된 아파트의 흑백 TV에서 보는 것을 그릴 수 있다.
나는 우리가 제인 거리에서 열던 파티를 기억한다.
테이프 플레이어에 놓인 데킬라와 드 라 소울 샷, 모두가
춤을 추고, 모두가 젊고 활기차고 쾌활하게—
수십 년 후 우리는 잊힌 비디오테이프를 발견한다.
그리고 우리의 아들들은 어리둥절하고 불안하게 보다가 큰 소리로 말한다.
엄마, 엄마는 정말 아름다웠네요! 그녀는 아름다웠다. 우리 모두 그랬다.

도시를 제외한 모두가. 도시는 엉망이었고 그다음에는
재개발 프로젝트였고 지금은 특권층의 놀이터이고
머지않아 다른 것이 될 것이다, 꿈처럼 유동적으로.
제국은 뜨고 지고, 우리의 것도 잇달아 사라지고, 도시마저도
후퇴할 것이다, 서서히, 대서양의 수면이 올라오면서.
하지만 물이 끝이 아니니다. 벽돌은 점토와 모래로 만들어
그것들이 분해될 때, 진흙으로 돌아갈 때,
우리만큼이나 유능한 손이 다시 새 벽돌을 만들 것이다.
사람들은 반쯤 잠긴 아파트에서 살고 사람들은
월스트리트를 따라 은행 기둥에 묶인 선상 가옥에서 살 것이다.
모두 잠기고 있다, 동부 해안 전체가.
수도를 캔자스시티로 이전하지만 아무도 워싱턴을 위해
애도하지 않을 것이다. 누군가 가상의 가솔린을 발명할 것이다. 누군가
"양키 스타디움의 폐허에서"라는 시를 쓸 것이다.
그 시는 미디어 기획자에 의해 대중가요로 편곡되어
오하이오 사람들이 세븐스이닝 스트레치 동안 부르며
과거의 영광을 기억하거나, 상상할 것이다.
시간은 본능적으로, 관용적으로 우리와 함께 있고, 시간은 우리를
싱크대의 수돗물로 가득 찬 유리 어항처럼 채우고,
유리 어항 속에는 작은 분홍색 조약돌과 가라앉은 플라스틱 성,
그리고 아이의 얼굴이 슬레이트 창에 새겨졌다.
물고기는 유령처럼 엄숙하게 헤엄쳐 지나가고 아이는 슬프게 웃는다.
아마도 꿀벌이 물에서 수분하는 방법을 궁금해할지도 모른다.
그는 조금 우울해 보인다. 고향을 그리워하는 것일지도.
다양한 인류의 꿀이 덮인 벌집,
과한 향수로 적셔진 위풍당당한 오물의 대도시.
성의 문이 열리고 소년이 나온다.
조심스럽게 달을 밟는 우주비행사처럼.
그가 어항의 휘어진 렌즈를 통해 우리를 볼 때,
절망적이고 잘못된 열정으로 그를 바라보는 우리를 볼 때,
우리는 과거만큼이나 우스꽝스럽게 거대하고, 그는 미래만큼이나
유령 같은 작은 손을 흔들어 우리에게 작별의 인사를 한다.